新形态就业者职业认同的前因、后果及利益相关者研究

吴磊 著

中国海洋大学出版社
· 青岛 ·

图书在版编目（CIP）数据

新形态就业者职业认同的前因、后果及利益相关者
研究 / 吴磊著 . —青岛 : 中国海洋大学出版社，2021. 5
ISBN 978-7-5670-2824-1

Ⅰ . ①新… Ⅱ . ①吴… Ⅲ . ①就业—研究—中国
Ⅳ . ① D669. 2

中国版本图书馆 CIP 数据核字（2021）第 085761 号

出版发行	中国海洋大学出版社	
社　　址	青岛市香港东路 23 号	邮政编码　266071
网　　址	http://pub.ouc.edu.cn	
出 版 人	刘文菁	
责任编辑	矫恒鹏	
电　　话	0532-85902349	
电子信箱	2586345806@qq.com	
印　　制	日照报业印刷有限公司	
版　　次	2022 年 12 月第 1 版	
印　　次	2022 年 12 月第 1 次印刷	
成品尺寸	170 mm × 240 mm	
印　　张	9. 75	
字　　数	175 千	
印　　数	1～1000	
定　　价	45. 00 元	
订购电话	0532-82032573（传真）	

发现印装质量问题，请致电 0633-8221365，由印刷厂负责调换。

前 言
preface

　　新就业形态是指伴随着互联网技术进步，在智能化、数字化、信息化条件下，劳动者在虚拟与实体的相互融合下催生的二者相结合的工作模式。近年来，就业形势异常严峻，竞争激烈程度超过以往任何一个时期，从业者面临自身、组织、他人等多方面压力，出现工作效率下降、职业认同感降低、离职意愿增强等众多亟待解决的问题。职业认同是衡量从业者工作能力的重要指标，较高的职业认同感不仅有利于个体在新形态就业形势下做出更加合理的职业选择，更能使其发挥主观能动性做好本职工作，提升自身工作水平。在新形态就业背景下，新形态个体从业者更加看重自身的职业身份，追求更高的职业目标和职业成就，增强个体职业认同感有利于提升工作绩效，提高对组织的忠诚度，探寻影响新形态就业职业认同的关键因素也成为学术研究的重点。学者们对职业压力方面的研究较为广泛，对职业认同尤其是新形态就业职业认同的研究相对较少，研究程度与目前新形态就业发展形势不匹配，有待进一步拓展研究深度和广度。现有研究表明，职业压力并非影响职业认同的唯一因素，组织支持感对职业认同的作用效果也尚未明确，职业认同关系到个体工作积极性和离职意愿，理应对职业认同的前因、后果及最优决策进行深入剖析，旨在揭示新形态就业者组织支持感对其职业认同感的影响机理，并引入工作重塑这一中介变量，探索其中可能存在的中介作用机制，扩展新形态从业人员领域相关研究，以期为提高新形态就业者职业认同感提供新的思路与建议，同时丰富新形态就业者领域的研究内容。

本书首先对涉及的核心概念进行了界定，对建构主义理论、符号互动理论和自我归类理论进行了阐释。梳理我国新形态就业发展现状，运用探索性访谈摸清我国新形态就业者职业认同发展现状，提炼影响新形态就业者职业认同的核心因素。在此基础上，利用结构方程模型探究了组织支持感对新形态就业者职业认同的影响，具体包括：新形态就业者组织支持感与职业认同的关系；新形态就业者组织支持感如何影响其工作重塑行为以及工作重塑行为怎样影响其职业认同感；新形态就业者工作重塑行为在其组织支持感与职业认同感关系之间是否存在中介作用机制。此外，结合探索性访谈显示，相较于普通就业者，新形态就业者离职倾向更突出。为此，本书探究了职业认同对离职倾向的影响，采用职业认同量表、心理所有权量表以及工作满意度量表，运用层级回归方法探讨新形态就业者职业认同对离职倾向的影响机制，检验心理所有权、工作满意度在就业者职业认同对离职倾向的影响机制中的中介作用与调节作用。在新形态就业者职业认同的前因和后果研究的基础上，运用演化博弈和复制动态方程开展新形态就业者职业认同利益相关者博弈及决策分析。具体包括：构建包括政府、平台及新形态就业者三方的演化博弈模型；利用系统动力学对平台型企业激励策略稳定性、新形态就业者认同策略稳定性、政府监管部门监管策略稳定性和三方主体策略的演化稳定性进行仿真。在以上实证研究的基础上，从四个方面提出对策建议：坚定组织支持，提升新形态就业者职业认同；促进工作重塑，提升新形态就业者职业认同；提升心理所有权，降低员工离职倾向；构建职业能力数字化监测平台，营造包容性企业文化氛围。

由于能力所限，书中难免存在疏漏和不足之处，恳请读者批评指正。

目 录
contents

1

绪 论

1.1 研究背景

2020年5月,《政府工作报告》指出:2019年我国经济增长较为平稳,全国城镇新增就业岗位900万个,城镇失业率在5.5%左右,大众创业、万众创新深入开展,企业数量日均净增1万户以上,就业形势整体良好。与此同时,去雇主化、平台化的就业新形态发展成为主流就业形态的趋势明朗,已成为我国就业的主要增长源。新形态就业有利于增加就业岗位,提升就业质量,转变经济发展方式,是新时期推动经济高质量发展和提升人民幸福感的重要抓手。无论是"共享+",还是"平台+"就业,最重要的是把生产要素以更有效率的方式加以整合与重组,平台较高的匹配效率可以大幅度提高全要素生产率。在全面建成小康社会的基础上,应大力支持新形态就业发展,消除劳动者在从业过程中的身份歧视,保证职工就业质量,拓宽职业发展路径,使新形态就业快速发展成为我国重要且高效的劳动力蓄水池与稳定器,为化解就业风险、破解就业难题解难纾困。在稳就业政策驱使下,新形态就业平台将成为未来我国就业任务中重点关注的热点问题。

目前,各级文件尚未明确新形态就业的职业界定,根据社会发展及工作方式的转变可知,新形态就业主要指伴随着互联网技术进步,在智能化、数字化、信息化条件下,劳动者实现虚拟与实体相结合的工作模式。当今社会处于大变革时期,经济社会进步伴随科技发展,新形态就业成为社会主流趋势,但就业形势异常严峻,竞争激烈程度超过以往任何一个时期,从业者面临自身、组织、他人等多方面压力，出现工作效率下降、职业认同感降低、离职意愿增强等众多亟待解决的问题。职业认同是衡量从业者工作能力的重要指标，较高的职业认同感不仅有利于个体在新形态就业形势下做出更加合理的职业选择，更能发挥主观能动性做好本职工作，提升自身工作水平。当职业认同感普遍较低时，会影响个人幸福感，失去工作激情，工作效率低下，不利于组织发展，影响整个社会的正常运转。在新形态就业背景下，新形态个体从业者更加看重自身的职业身份，追求更高的职业目标和职业成就，增强个体职业认同感有利于提升工作绩效，提高对组织的忠诚度，探寻影响新形态就业职业认同的关键因素也成为学术研究的重点。学者对职业压力方面的研究较为广泛，对职业认同尤其是新形态就业职业认同的研究相对较少，研究程度与目前新形态就业发展形势不匹配，有待进一步拓展研究深度和广度。现有研究表明，职业压力并非影响职业认同的唯一因素，组织支持感对职业认同的作用效果也尚未明确，职业认同关系到个体工作积极性和离职意愿，理应对职业认同影响因素及提升路径进行深入剖析。

1.2 研究目的与意义

1.2.1 研究目的

本研究旨在揭示新形态就业者组织支持感对其职业认同感的影响机理，并引入工作重塑这一中介变量，探索其中可能存在的中介作用机制，扩展新形态从业人员领域相关研究，以期为提高新形态就业者职业认同感提供新的思路与建议，同时丰富新形态就业者领域的研究内容。

以往关于职业认同和离职倾向的研究多是在固定行业背景下进行的，如教育和医疗保健，鲜有关于新形态就业者的研究。本研究在新形态背景下，探讨心理所有权、工作满意度在就业者职业认同对离职倾向的影响机制中的作用。

在新形态就业下，劳动力的就业模式、就业特征、主雇双方与传统模式不同，对劳动者综合素质提出了更高要求，增加了就业机会，同时也带来了一系列挑战。本研究在就业市场逐渐转向新形态的背景下，通过对新形态就业现状、内涵及相关理论进行探讨，对其就业者职业认同的影响因素进行深入探究。

1.2.2 研究意义

（1）理论意义

① 在已有研究成果的基础上将组织支持感、工作重塑以及职业认同整合在一起，提出一个崭新的理论模型，丰富了相关变量研究内容，是对职业认同影响机制的进一步延伸，同时也拓展了新形态就业者领域的研究内容。

② 较少研究将新形态就业者职业认同与离职倾向联系在一起，缺乏职业认同对离职倾向影响的理论支撑，因此，本研究能够为探究新形态职业从业者职业认同与离职倾向的关系提供一定的理论支持。

③ 基于新形态就业背景，探索新形态从业者职业认同的影响因素，以平台就业者为特定研究对象，对其进行定量和定性研究，探究新形态就业者对新形态职业的认可度，在理论上丰富新形态就业相关成果，为其他就业模式提供经验，以此推动新形态就业前行及社会发展。

（2）实践意义

① 从工作要求–资源模型视角将工作重塑作为中介变量，分析了其在组织支持感与职业认同关系中的作用机制，为促进新形态就业者职业认同提供了新的思路与借鉴。

② 探讨心理所有权、工作满意度在就业者职业认同对离职倾向的影响机制中的中介作用与调节作用，有利于充分了解职业认同对职工离职意愿的影响，警示单位采取积极措施提升职员职业认同感，从而降低离职率。

③ 通过对新形态就业者职业认同的各因素进行分析，能够全面呈现影响因素对职业认同的影响机理，为提升新形态就业者的职业认同提供重要参考，有利于提升社会整体职业认同水平。

1.3 相关文献综述与述评

1.3.1 新形态就业相关研究

1.3.1.1 新形态就业概念

国外学者并未明确提出新形态就业概念，相关研究集中在非典型雇佣、共享经济、众包经济和零工经济下的灵活就业形态。目前，虽然未明确提出相关概念，但新形态就业思想已经形成，伴随这种思想学术界已出现相近学术术语来阐述新形态就业模式，众多学者认为共享经济就是互联网社会发展下的新形态就业模式，也有人认为众包经济也属于新形态就业，还有从工作碎片化角度，将其称为零工经济就业模式（Keen，2015）[1]。从质量、标准、法律框架角度对非典型雇佣进行界定。非典型雇佣相对于传统雇佣方式，在工作地点、时间与数量具有潜在的不可预期性，呈现以下四个特征：雇主与劳动者之间属于临时雇佣、工作时间具有不确定性、会出现层级雇佣现象、劳动者自主性更强（Connelly，2004）[2]。

（1）共享经济

共享经济是指通过在线平台促进各种形式交流，包括营利和非营利活动，这些活动旨在通过所谓的"共享"开放达到充分利用资源的目的。共享的第一个表现是平台社区的形成，共享经济性能通过平台构建的信任经济实现。共享的第二个表现是访问。共享经济需要通过网络来实现，受到实践中访问的时间空间限制。共享的第三个特性是合作，共享经济通过劳动者共同努力生产某种商品来运作。数字技术意味着这种合作生产不必同时进行，也不必在同一地点进行（Jeppesen，2013；Lowe，2018）[3-4]。Stefano V D（2016）认为，共享经济由获取未充分利用的资产价值构成，让这些资产供社区在线使用，从而降低了对所有权的需求[5]。Schor J B（2015）建议共享经济应由人与人之间的经济活动构成，由数字平台推动[6]。Bonnet F等（2010）主张从"共享"一词转向"合作"，将其视为更广泛的合作经济运动的一部分[7]。Belk等（2014）认为，共享经济是多种新型经济的总称，这种笼统的定义状态也导致了名称激增，例如合作经济、零工经济、应需经济和众包经济[8]。

（2）众包经济

Howe（2006）提出"crowdsourcing"一词，翻译为中文可近似理解为"众包工作"。相应地，crowdworker译为众包劳动者，主要指企业或个人将一部分工作外包给一定数量的从业人员，通过不同网络终端为企业或个人完成不同形式的任务。Brabham（2008）等认为，当一个组织使用数字平台利用人群作为外部资源为员工或承包商在内部执行任务做出贡献时，就会发生众包[10]。Kleemann（2008）提出，众包劳动力并不一定是免费的，但成本远低于传统就业成本，利润最大化是众包的关键动力[11]。Lilien（2002）认为，众包经济下群体可以超越个体"专家"，外部劳动者可以成为更有效率的创新者，为内部问题解决带来新想法[12]。Mandl（2017）认为，众包就业是组织任务外包的一种新形式，通常将任务外包给单个员工或大量"虚拟员工"。众包就业实质是社会技术工作体系，通过一系列联系组织、个人、技术和工作活动的关系构成[13]。Doan（2016）认为，众包系统的成功致使新兴领域迅速发展，将会提供更通用的平台、更多应用程序和更多用户。众包系统也将面临如何招聘贡献者，如何结合其他贡献以及如何管理滥用行为三个关键性挑战[14]。

（3）零工经济

Utz J（2016）认为，"零工"一词指短期的参与活动。显然，人们开始注意到"零工"这一术语所隐含的非正式或短暂的就业类型[15]。零工经济是将供应商与消费者匹配，以按需匹配为基础的市场集合。在基本模式中，零工工作者借助平台从事劳动获得薪酬。这种工作模式使劳动者和雇佣者直接交接工作，减少了中间商烦琐的信息传达过程，雇佣者仅需借助手机相关软件即可下单，劳动者获得工作信息后可立即投入工作，节省了时间，提高了工作效率（Postigo H，2003）[16]。低端新形态就业实质是一些微工作，通常包括远程完成小的数字任务，例如转录手写文本片段、对图像分类、对评论中表达的情感进行分类、对搜索引擎结果的相关性进行评级或视频剪辑等（Irani.L.C，2016）[17]。

（4）生产力和生产关系

新就业形态概念可以从生产力与生产关系两个层面加以解释。从生产力角度来看，在互联网技术的支持下，劳动者逐渐适应虚拟与实体相结合的工作模式，生产方式更加灵活，提升了工作质量，大大提高了社会生产力。从生产关系角度来看，电商平台的兴起和普及使社会进入消费互联网时代，实体市场受到冲击，供给侧和消费端均以互联网平台为主，共享经济和零工经济逐渐成为新形态就业的主流（冯子健，2018）[18]。新形态就业区别于传统工业化就业方式，提供了一种全新的就业模式，实现了从业者与雇主之间直接交流，借助信息技术升级进一步放大与延伸灵活性。何勇（2020）研究发现，目前，我国新形态就业主要集中在服务行业，工作方式灵活多样，从业者可以自由支配时间，免去了传统工作方式的束缚[19]。

新形态就业之所以"新"，一方面体现在利用升级化技术手段开辟了全新就业领域；另一方面，新形态就业下就业方式和就业观念发生了翻天覆地的改变（Wittel A，2014）[20]。从发展历程看，新形态就业依托互联网技术，实现了虚拟与现实结合，但尚未转化为完全独立的就业形态。作为互联网覆盖的新就业模式，一般无须政府审核和批准，便捷地实现私人订制式雇佣。劳动关系模糊化、劳动合同短期化使新形态就业具备共享优势的同时存在发展弊端（段丛宇，2016）[21]。有学者认为，新形态就业相对于传统就业而言，不过是老树发新芽，根基未变，是借助互联网技术进步出现的可被劳动者接受的更为灵活的就业模式（Sun L，2006）[22]。工业经济向数字经济转型过程中，新形态就业有别于正式稳定就业和标准劳动关系的各类组织用工，呈现以下主要特征：突出平台重要性、临时雇佣关系、就业自主性、工作时间弹性化、零工就业全时化、劳动供给自主化等（Utz J，2016）[23]。

1.3.1.2 新形态就业特点

关于新形态就业特点，郭荣丽等（2017）认为，新形态就业与传统就业方式存在差别，主要依靠互联网实现工作智能化、弹性化等[24]。新形态就业突破了原有的行业边界与规则，实现了跨产业联合，与互联网等高新技术融合产生的全新生产经营模式（2016）[25]。新形态就业是一种共享经济，在工作过程中实现要素共享、信息共享、市场共享的同时具有高风险特质。目前，学界对新形态就业的大致共识为，伴随智能化、信息化互联网平台产生的虚拟与现实相结合的就业方式，这种就业模式平台更加广阔，工作方式更加弹性化，是一种新兴的就业形态（Roy，1985；曹迪，2017）[26-27]。

1.3.2 新形态就业效应

新形态就业发展增加了弱势群体的就业机会，创造了一批新岗位，有效缓解了社会失业，是扩大就业规模的重要途径。与此同时，新形态就业的雇主与雇员关系更加松散，劳资双方尚未完全适应新形态就业节奏，有待依靠培训塑造与政策引导催生成熟的雇主与就业管理者，新形态就业者也随着新形态就业发展而不断成长。

（1）积极效应

新形态就业给人们的生产生活方式带来巨大影响，改变了传统就业认知，就业方式实现弹性化、多元化，劳动者流动更加频繁，工作任务的琐碎性、多样化程度提高，突破了以往工作的束缚，工作时间更自由（胡璨，2018）[28]。新形态就业不会在短时期内淘汰传统就业模式，社会进步仍然依赖于传统就业，新形态就业是众多就业方式中的一种选择，未来社会是多种就业形态并存的场景，新形态就业的前景可期（黄兆信，2015）[29]。尽管目前学界还无法定量测算新经济、新形态对岗位创造的净效应，新形态就业的迅猛发展必然会创造大量的新形式、新内容的工作岗位。一方面，新形态就业借助互联网增加了弱势群体的就业机会，以较高的开放性和包容性为不同群体提供公平、无差异的就业收入，缩小了收入差距。另一方面，新形态就业提高了劳动者与企业之间的匹配效率，降低了劳资双方的搜寻成本、沟通成本及签约成本，有效减少了摩擦性失业。刘涛（2018）认为，电脑网络及新技术普及有可能促进社保领域的清晰化管理及"数目字管理"，更有利于劳动力在全国自由流动[30]。可以推测，电子化新技术普及带来的不仅是一种挑战，随着各国运用电子手段创造出新的电子监管及治理能力，一种清晰的"电子软件追踪"的社会治理模式可以预见（曹兆文，2011）[31]。新形态就业能够促使就业者更好地利用其技能和天赋，通过互联网平台，从业者可以选择更加适合自己的工作，训练自我技能，还可以借助平台开发新能力，以适应更高层次工作。此外，电商平台会通过自身现有资源对从业者加强道德教育和技能培训，帮助劳动者尽快适应新形态就业形势下的就业模式（冯子健，2018）[32]。

（2）消极效应

新形态就业是一种偶然的、复杂的关联，通过不断对不同范围活动进行重新配置，也掩盖了不平等的新形式和所有权的两极分化。新形态就业的部分工作不利于劳动者潜力挖掘与职业生涯发展。新形态就业普遍存在过度工作的问题，多余的收入只是将休息时间货币化，平台为双方提供交流的便利，成为最大利益获得者（Glöss，2016；Harmon，2018）[33-34]。Bergvall等（2014）认为，平台就业使企业能够利用互联网技术获取劳动力和专业知识，劳动力凭借网络手段打破地域障碍，使得企业能够转移成本，降低风险，而劳动者却不在传统劳动法律法规的保障范围之内[35]。任务枯燥乏味，重复性强，报酬通常远低于最低工资。劳动力市场高度集中造成了一定程度的剥削，请求者发布大部分任务，这些任务限制了竞争及技能发挥。平台上的劳动者往往被雇主和公众误认为是工人，只是简单地听从指示，缺乏技能和代理，工人在两个极端之间徘徊：授权和边缘化（Hamari，2016）[36]。Ettlinger（2016）认为，平台政策使劳动者更加隐形，通过建立短暂的、基于任务及有限时间的关系，使得工人与工作成果分离，加剧了结构因素对工作经验的影响（Ettlinger，2016）[37]。Satter（2017）认为，新形态就业置劳动者于不利位置，劳动者面临着收入不稳定和工作无保障等问题，必须为自身福利和退休储蓄提供资金并缴纳自雇税。劳动者福利稀薄，退休问题也是潜在威胁[38]。

新形态就业增加了从业者与就业岗位的距离，使其不能与岗位紧密联系。随着不断发展演变，工作时间、工作地点将更加灵活性和碎片化，劳动就业风险增大，劳动角色界定更加模糊，劳动关系愈发疏散。程坤（2017）认为，新形态就业出现对劳动力市场带来双重风险冲击，技术进步会出现岗位替代作用，增加结构性失业风险，并且随着就业模式转变，劳动者难以快速适应就业形式新变化，增加了摩擦性失业风险[39]。Ashford（2007）认为，新形态就业向传统劳工关系提出挑战，平台将劳动者看作独立临时工，未提供社会保护责任，社会关系及社会责任由劳动者独自承担[40]。张宪民等（2017）实地探究发现，标准劳动关系、"非标准"劳动关系、民事关系三种劳工关系在新形态就业中并存，有从劳动关系向民事关系（非劳动关系）转换的趋势，给传统劳动关系管理模式带来困惑，劳动者权益难以保障[41]。

1.3.3 职业认同相关研究

1.3.3.1 职业认同的结构维度

职业认同由多个维度构成，对于不同职业，其组成存在差异，学者们也对相关维度从多角度进行了探讨。Goltz等（2014）认为，教师职业认同对其教学工作具有重要意义。职业认同具体包括组织向心性、职业价值观、凝聚力和工作中的表现力。其中，向心维度指个体对职业的忠诚度，向心性是工作的基本要求；价值维度指个体对职业的认识和对目标的追求和向往；凝聚维度指组织中同事之间和睦相处，形成凝聚力，实现组织与个人共同发展；自我表现维度指个体在工作中展现出的能力，职业认同度越高，工作越有激情[42]。Guan（2016）基于个体情感维度，认为职业认同是从业者长期工作过程中形成的对现有职业满意程度和具有强烈的留职意愿[43]。Wen（2016）以教师为研究对象，认为老师的职业认同构成主要有认知、情感、行为以及社会等。认知上，既有对工作的认知，也涵盖了对自我的认知，包括对职业的认知、对组织的认知，当个体对从事的职业感兴趣，会产生积极的态度，有利于增加职业认同感；情感上，与领导、同事形成一种默契，对职业形成一种特殊感情，把工作作为自身的一部分；行为上，将职业作为一种兴趣，发挥主观能动性，积极做好本职工作；社会上，为从事的职业感到骄傲，能正确处理自身与他人的关系[44]。

随着新形态就业逐渐成为一种趋势，职业认同成为学术界关注的热点。在教师行业，方明军等（2008）认为价值是构成职业认同的重要维度，只有能够实现自我价值和社会价值才能让从业者感到工作的意义，价值是形成职业认同的基本要素，只有实现个人价值，在工作中感到身心愉快，突出自身工作能力，认可自身社会地位，才能真正形成职业认同感[45]。魏淑华等（2013）基于前期学者的研究，将职业认同划分为四个维度。其中，职业价值观从老师自身评价所从事的职业；角色价值观主要指个体对自身角色感到满意；职业归属感主要指个体对这份职业的热爱，个体是群体中的一员，所有成员荣辱与共，在这份职业中能够实现自身价值，能够得到社会认可；职业行为倾向主要指积极承担职位责任[46]。Hirschy等（2015）从三个维度评价职业认同。其中，职业认知反映了工作者的责任心，认真对待本职工作，能够拉近与学生之间的距离；职业情感指的是工作中的心态，能够很好地控制自己情绪；职业价值指的是工作具有成就感，既包括组织、社会、家长对教师的评价，也包括学校领导、同事和学生对自身的评价，如果这种评价是积极的、正面的，那么教师更容易感受到职业价值[47]。Trybou（2014）基于先前学者研究的基础上，以师范生为研究对象，认为职业认同可以划分为期望、意愿、价值和效率等多个方面[48]。

赵红等（2010）发现护士职业认同主要有七个维度，每一个维度均表现出不同的作用。把握感是最基本的要求，主要是所从事工作的把握程度，是否能按预期完成；一致感是工作中要具备向心力，对自身所扮演角色的认可；有意感是感觉从事的职业具有社会价值；自我效力感是自己是否具备完成工作所需的技能，工作绩效能否得到大家的认同；自我决定感是指自己在完成工作的前提下有自主支配时间的自由；组织影响感指领导的关怀至关重要，组织认同影响着护士职业认同；患者影响感指患者会影响护士的职业认同[49]。Garcia等（2015）通过调查研究发现，护士职业认同涵盖多维度，但主要有认知、价值、情感等[50]。

针对其他职业，学者也进行了深入探讨。Sonny（2018）基于导游职业，发现心理和行为是影响导游职业认同的重要方面。职业认同主要有以下四个维度：自我认同，指自己在工作中形成的认知，在社会工作中产生的正面或者负面影响，强调对于"我"的认同；关系认同，是指导游群体内部或与外部间的交流，正确处理相互关系，通过他人对自己的评价而认清自我，这是一种关系认同；组织认同，是指导游个体和群体都有可靠的组织，自认工作得到组织的肯定和积极评价会激发个体工作激情；参照群体认同，是指社会中其他群体对导游职业的评价，获得社会认同[51]。王惠卿（2013）通过调查社会工作者职业认同情况，发现职业认同主要包括个人和社会两个范畴[52]。通过上述研究，学者们对职业认同结构维度进行了大量研究，取得了丰硕成果，虽然研究领域和侧重点存在差异，研究结论不尽相同，但职业认同大致可以归纳为认知、情感、行为和评价等四个方面。

1.3.3.2 职业认同的前因与后果

1.3.3.2.1 职业认同的前向影响因素

当前学界经过研究普遍认为个体特质和内外部环境是影响员工职业认同的两大关键性因素。具体来讲，个体特质又可具体分为人口、兴趣爱好与性格等因素；内外部环境主要包括工作环境、社会文化环境、经济环境、国际环境、科技环境等内容。

（1）个体因素

人口统计变量是影响职业认同的首要因素。它具体包括性别、年龄、受教育程度、收入、宗教信仰、种族、国籍等，其中，不同的维度对员工职业认同的影响程度和范围又各不相同。

赵红等（2015）以300名护士为研究样本开展职业认同研究，指出职业认同结构七个维度中，工龄15年以上的护士在成就感、意义感、满足感和认同感等职业认同维度上的得分普遍高于新入职的员工[53]；Wang（2020）针对江浙一带高校教师开展的相关研究表明，入职两年以内的新教师的职业认同感更高，随着工作年限的增加，这种情感有所降低。不同维度的人口统计变量会从多个角度对职业认同产生影响[54]。

其次，个人兴趣爱好与性格也是一个重要因素。Zhao等（2013）调查研究得出结论，多愁善感的人更加注重情绪体验，喜欢怀旧，而这种性格会使得注重以往的工作经历，从而对现在从事的工作产生影响[55]。Nygren等（2014）发现，个体对环境变动的反应程度（主动型、被动型）也会影响职业认同[56]。

（2）环境因素

① 家庭环境。家庭是个体成长的重要生活环境，具体可分为家庭氛围、家庭规模、家庭生命周期和家庭收入等维度，因此它也是职业认同一个很重要的前因影响变量。Slay等（2011）经过调查将家庭氛围划分为和谐型、积极型、矛盾型、外向型和理想型五类，不同类型家庭氛围对职业认同产生异质性影响，和谐型和积极性家庭氛围有利于提升个体职业认同感，处于矛盾型家庭氛围中，不利于提升职业认同感，外向型和理想型家庭氛围对

职业认同的影响差别不大[57]。Zhang（2018）的相关研究结果显示，与家庭收入一般的个体相比，家庭收入较高、家庭气氛较为和谐中的职工有着更高的职业认同和组织认同，因为他们不会因为薪资待遇而过度担忧或者为处理家庭琐事而花费精力，可以全身心投入工作，做好本职工作，获得较高的职业认同感[58]。与此相反的是，国内学者针对免费师范生的职业认同度的调查结果显示，经济条件较差的或者农村的个体对职业的要求较低，希望能够早日获得一份工作，赚取薪水补贴家用，职业认同起点较低，因而对自己的工作比较满意，职业认同也比较高。

② 工作环境。职业是在工作环境中进行的，二者有着诸多交集。工作内容相同的职业会因组织文化、组织价值观、组织管理制度、组织结构等不同使员工产生不同的职业认同。组织文化也即通常所讲的企业文化，它会对员工产生潜移默化的影响。Reynolds（1996）一项针对教师的研究指出，学校关于教师的管理制度与理念会对教师的职业满足感、组织认同感产生影响[59]。Bartels等（2010）通过对多种职业人员调查发现，愉快畅通的沟通会提升职业认同感。其中，纵向沟通是上下级之间进行信息传递，沟通的有效程度取决于组织的内部结构，一般来说扁平化组织结构能够更好地传递信息，职业认同感也会更强烈。横向沟通主要指组织中平级间的信息传递，主要为了完成工作而进行的必要交流，横向沟通主要是非正式的，同事之间的沟通愉快程度也影响着职业认同。自上而下的纵向沟通与组织认同呈同比增长，有助于预测组织认同感，而同级各部门之间的横向沟通与职业认同呈正比，有利于预测职业认同感[60]。还有学者认为，工作自主性的提升也有助于强化员工职业认同，工作自主性是指从业者能够按时完成组织布置的工作，在非工作时间可以自由支配自己的时间，决定接下来的活动内容和具有独立的思考空间。工作自主性是专业主义重要特征之一，这在那些专业化程度较高的工作体现的比较明显。

③ 社会文化环境。国内外学者普遍认为工作是个体与社会文化环境互动的过程，文化传统、行为规范、道德规范等都会从各方面影响从业者的职业认同感。Berg（2002）在探究职业认同影响因素的过程中，认为个体所处的

外部环境会在很大程度上影响职业认同的形成[61]。宋广文等（2006）基于中国情境以中小学教师为研究对象，结果显示中国传统儒家思想使得社会对男性的职业期望普遍高于女性，由于教师职业在社会中权利、金钱和社会地位现实，男性教师难以获得满足，对女性来说，从事教师职业较为稳定且工作适度，更易获得满足。中国中小学教师当前的就业条件和薪酬福利较低，这使得女性教师的职业认同程度普遍高于男性教师。除了现实因素，历史因素也会对职业认同带来一定影响[62]。陈杰等（2012）基于护士职业认同的时间演变过程指出，起初护理被认为女性工作中的一项必须具备的能力，因为性别原因遭到轻视。但是，随着女性地位逐渐提升，推动了护士职业认同的转变。社会是不断发展变化的，某一职业的社会形象、社会声望、社会地位等因素都会影响人们对该职业的看法[63]。Mao等（2020）指出，职业认同会在一定程度上受到组织声誉影响。若个体工作的组织享有较高的社会地位，成员会认为自己得到了外界的认可和赞许，会因此而感到骄傲自豪，进而会增强自己的组织认同感和归属感。其内在机理在个人的自尊心与组织紧密相连，会因为组织得到社会认可而增加职业认同感，由此可以得知，职业的社会声望与个体的职业认同正相关[64]。Bamber和Lyer（2020）的研究也证实了这一结论，审计师拥有较高的社会地位和良好的社会形象，进而强化了审计师们的职业认同感[65]。

1.3.3.2.2 职业认同的后向影响因素

当前国内外学者普遍认为职工职业认同会对其情绪耗竭、工作与家庭冲突、离职倾向、工作成就感与满意度、创新行为、工作投入、组织外行为、工作绩效和压力等产生影响。现有研究探究了职业认同对个体情绪、工作行为和离职倾向的影响，相当一部分研究认为，职业认同会促进员工强化成就感，提升满意度，弱化离职倾向和情绪耗竭等。Moore和Hofman（1988）关于高校教师职业认同的相关调查结果显示，较高的职业认同能够帮助教师克服工作中的不利条件，进而减少离职意愿和工作压力[66]。魏淑华和宋广文（2012）以上海市的150名中小学教师作为研究对象，探究职业认同与离职意愿、工作满意度之间的关系。结果显示，职业认同与离职意愿呈负相关，与工作满意度呈正相关，并且工作满意度作为中介变量调节职业认同与离职倾向之间的关系[67]。刘玲等（2009）以安徽省合肥市的200名护士作为样本，探究职业认同与工作压力和情绪耗竭之间的关系，指出较高的职业认同可以有效缓解护士们的工作压力与情绪耗竭[68]。Kremer等（2002）针对阿拉伯学校的校长开展的职业认同调查结果显示，职业认同和情绪耗竭呈反比增长。校长们的职业认同水平越高，倦怠感就越低[69]。Loi等（2004）对香港律师展开了职业认同调查，认为职业认同会影响工作态度，较高职业认同的律师工作态度认真，绩效水平较高，因而往往会表现出更多的组织外行为[70]。穆桂斌和张春辉（2012）通过发放调查问卷的方式探析大学教师职业认同的后因变量。实证结果显示职业认同有助于提升教师的教学成果和绩效，并且职业认同会在一定程度上调节个人特质与教学成果之间的关系[71]。

此外，部分学者还探讨了职业认同与组织认同的关系，以及二者交互作用对工作满意度、离职意愿、工作绩效等其他变量的影响。国内学者张宁俊等（2013）认为职业认同的形成要早于组织认同，并且二者成正比关系。他对高校教师的职业认同展开调查，结果表明职业认同水平较高的教师往往对工作环境和资源的要求更高，当这些需求得以满足，工作满意度会更高[72]。Johnson（2006）对辽宁五家审计机构的审计师展开调查，实证结果表明职业认同会促进组织认同的提升[73]。Carcia等（2015）研究了职业认同与组织认同交互作用对组织支持感和工作效率的中介作用。结果显示，组织认同较高、职业认同较低的情景下，组织支持感显著提升工作绩效；组织认同较低、职业认同较高的情景下，组织支持感虽然有利于提升工作绩效，但相比于前者来说这种影响较小。相对来说，职业认同对其他变量的影响研究主要集中于工作态度，对行为和绩效等的研究相对较少[74]。Nixin（2008）的研究结果也证实了这一点，她指出当下学界关于职业认同的探索主要聚焦于情绪耗竭、工作压力和工作态度等心理层面的变量，而工作绩效、创新行为等行为层面的变量研究结果匮乏，在未来，需要深入剖析职业认同与学习行为、帮助行为等行为变量之间的关系[75]。

1.3.3.3 职业认同利益相关者决策

众多研究从利益相关者视角审视其对职业认同的影响，差异化职业联系着不同利益相关者。高职院校发展有多方面利益相关者共同驱动，目前高职院校发展遇到瓶颈，主要原因为各方利益相关者作用力不均衡，学校受政府影响较大，在学校发展决策中有关利益者缺席（姚树伟，2014）[76]。卢晶（2020）从利益相关者视角探讨高校教师职业发展，认为高校评价制度缺乏合理性，难以对高校教师职业认同起到激励作用，政府财政投入水平为教师职业发展提供制度保障，家庭会对教师本职工作给予支持，但作用较小[77]。郭薇等（2017）探讨了医生职业倦怠与职业认同的关系，研究发现，若家庭工作增益水平较高，职业认同可调节家庭工作增益对职业倦怠的保护作用，医院方可采取相应措施缓解职业倦怠，提升医护人员职业认同感，提高医疗护理质量[78]。Cristina等（2017）基于利益相关理论比较了公共关系专业人员与普通公众的观点，发现两个群体的认知和期望存在差距，专业人员通过有效管理手头工具，建立联系并促进与利益相关者的接触，有利于提升专业人员自我认同和他人认同[79]。David等（2018）认为安全专业人员的职业身份充满了未解决的矛盾，他们是顾问还是教员，是规则的执行者还是一线机构的推动者，最终是安全的恩人还是组织的负担？通过了解安全专业人士对安全的看法、组织中扮演的角色和自我认知探讨了安全专业人员的职业认同，定义和调整安全专业人员的共同角色将有助于所有利益相关者支持安全专业并与之相互配合[80]。

1.3.4 外文文献图谱分析

运用文献计量法定量解析国外新形态就业研究历程，把握学科领域大方向和历史演变趋势，了解新形态就业领域的重要学者、重要文献、重要方法与前沿理论，为后来学者提供新的研究思路与方向指引。

1.3.4.1 数据来源

分析数据来自Web of Science核心文集。检索策略设定为TS＝"new forms of emploment" or "professional identity"，截止到2021年2月25日，共检索到文献4 124篇。

1.3.4.2 研究方法

HistCite引文分析工具是由Eugene Garfield开发的文献编年可视化程序。该软件用图文方法更为清晰地展现某一研究领域参考文献之间的相互关系，可以全面了解该研究方向起源时间和研究历程，帮助快速找到具有重要影响力的文献，参考各文献引用情况，有利于分析该领域发展现状与未来研究趋势。文献图谱分析过程中主要关注以下几个方面：LCS（Local Citation Score），表示被引用次数，该值越高，说明论文重要性越强，有可能是选题领域内的开创性论文；TLCS（Total Local Citation Score），代表在本地数据集中的引用总次数；GCS（Global Citation Score）代表在全球数据集中的被引次数，GCS越高，代表国际影响力越大。TGCS（Total Global Citation Score）代表在全球数据集中的被引总次数。

1.3.4.3 文献研究结果分析

（1）年度分析

将4 124篇文献的TXT文本格式导入HistCite软件发现，共涉及12 946位作者，1 139种核心期刊，6 461个研究关键词。由分析结果可知，相关研究开始于1980年，1980—2008年文献数量较少但呈现逐步增长趋势，2008年至2020年，文献数量增加速度较快，说明学术界对新形态就业的研究关注度迅速攀升，表1-1列出了2008年至2020年文献分布情况。

表1-1 职业认同研究文献的年度分布（2018—2020）

Publication Year	Recs	TLCS	TGCS
2008	122	242	3 760
2009	109	194	3 663
2010	121	263	3 654
2011	167	221	4 849
2012	191	408	6 489
2013	199	304	3 884
2014	254	412	5 632

续表

Publication Year	Recs	TLCS	TGCS
2015	280	518	3 929
2016	285	231	3 430
2017	324	204	2 870
2018	415	186	2 666
2019	424	110	1 387
2020	525	20	947

（2）核心作者分析

根据TLCS、TGCS指标的高低可以迅速定位该研究领域的核心作者。按照TLCS、TGCS指标排序和指标意义，在众多学者中筛选出该领域贡献较为突出的作者。通过相关软件分析已发表的文献情况后，按照TLCS、TGCS的综合比较可以看出（表1-2），新形态就业研究领域排名前5位的高产知名作者分别为Dornan T、Helmich E、Steinert Y、Grimshaw J、Lingard L等人。

表1-2　职业认同核心作者分布

Author	Recs	TLCS	TGCS
Dornan T	18	141	1 035
Helmich E	15	94	261
Steinert Y	12	307	653
Grimshaw J	11	67	608
Lingard L	11	46	356

（3）核心期刊分析

本书搜集的文献来自1 139种不同期刊，表1-3仅列出了Recs大于等于50、TLCS大于等于100、TGCS大于等于500的重要期刊。排名前列的期刊主要包括*ACADEMIC MEDICINE*、*MEDICAL EDUCATION*、*JOURNAL OF INTERPROFESSIONAL CARE*、*MEDICAL TEACHER*等。这些期刊发表了该

领域中的重要文章，广泛受到后来研究者的关注和引用，了解并分析这些文献，可以使学者更充分了解该领域的研究动态和研究方法，为后来研究做铺垫和提供理论支撑。

表1-3　职业认同核心期刊分布

Journal	Recs	TLCS	TGCS
ACADEMIC MEDICINE	131	862	4 548
MEDICAL EDUCATION	108	718	3 887
JOURNAL OF INTERPROFESSIONAL CARE	48	99	529
MEDICAL TEACHER	72	228	1 089

（4）高被引文献分析

通过分析HistCite里被引用的138 541篇文献，精准定位职业认同的高被引文献。通过高被引文献分析，能够明晰哪些文献是该领域中的经典重要文献。表1-4为Recs≥100的高被引文献。通过分析结果与已有数据比较可知，有6篇文献被引次数超过100。

Braun等认为职业认同是个体在工作中不断发展、认清自身职业角色的过程，是对自身从事职业的使命、价值和意义的感知和认同程度。Braun研究医护人员职业认同对其工作的影响，研究发现医生的职业认同与工作投入度具有显著正向关系，高度职业认同感有利于积极投身医务工作，能够更好地为患者服务。护士的职业认同水平与其职业生涯规划有密切的关系，职业认同有助于护士制订长远的职业生涯规划。Wenger等研究表明，职业认同在工作投入中具有积极主导作用，当个体对自己的职业有较高的认同感，他会更认真对待自己的职业，把更多的精力和热情投入到工作中，消极情绪会被抵消。Lave等认为，较高的职业认同感有利于加强同事之间的合作，同时促进员工的个体行为。Monrouxe等基于资源保护理论，利用结构方程建模技术探讨了酒店员工的职业认同、员工敬业度、工作满意度和离职倾向之间的关系，结果表明，职业认同对员工敬业度和满意度有正向影响，对离职倾向有负向影响。以上分析发现，职业认同多与特定职业紧密联系，学者逐渐意识到职业认同对于职业规划、工作绩效、离职率等具有重要影响。

表1-4 职业认同高被引文献分布

Author/Year	Recs
Braun F（2006）	234
Wenger E（1998）	138
Lave J（1991）	137
Monrouxe LV（2010）	131
Cruess RL（2014）	128
Jarvis-Selinger S（2012）	103

（5）引文关系分析

外文文献引文关系分析如图1-1所示：

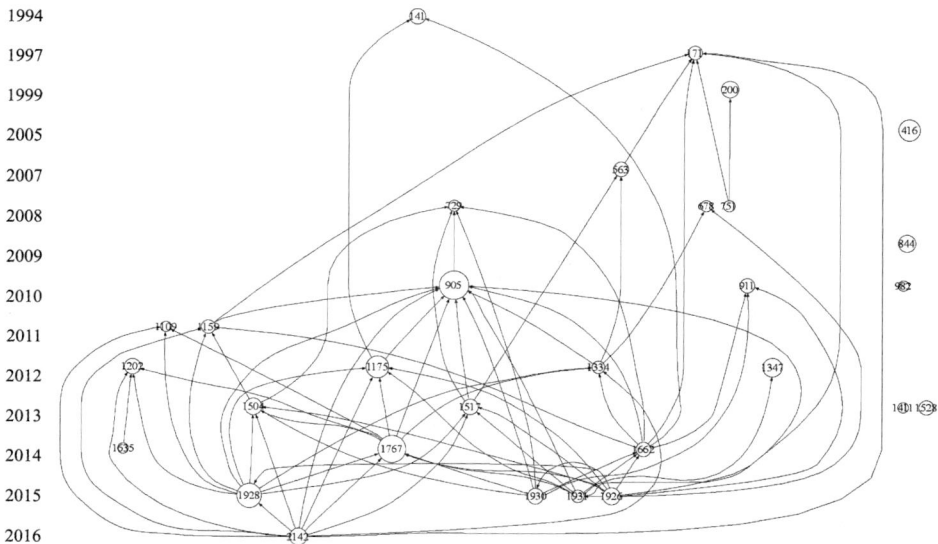

图1-1 外文文献引文关系图

① 选取LCS排名前30的文献进行引文分析，找出其中的引用关联。30篇职业认同经典文献中，25篇存在关联关系；其中，LCS最高为144，最小为20。笔者根据文献时间轴进行划分：2008年及之前的相关文献属于早期经典研究成果，2008年之后的相关文献属于发展推进期研究成果。

② 由图1-1可以看出，除了零散的几篇文献，其余文献相关性较好，互引较为密集。30篇文献可划分为三个群体：以905号和1767号为核心的大群；以1175号文献和以1928号文献为核心的两个小群。

③ 171号和729号文献是职业认同领域发表时间较早、LCS较高的成果，属于该研究领域早期的权威文献。171号文献发表于1997年，主要表述了医生对自身的职业认同可以使其更好地为患者服务。729号文献发表于2008年。该文献指出，职业中的经历困境会对职业认同带来消极影响，当度过困境职业认同感会得到大大提升，职业认同受多种因素影响，文章从多方面分析了提升职业认同的策略。

④ 905号文献对该领域研究具有突出贡献，Kline等人通过对多个行业职业认同感进行阐述，认为不同职业对职业认同感的影响因素存在差异，职业认同感提升有利于做好本职工作。该文献发表于2010年，到目前被引用次数较多，为该领域的发展奠定了基础，成为名副其实的高被引文章。

1.3.5 文献述评

本书围绕"新形态就业职业认同"这一研究问题，对新形态就业概念与特点、新形态就业效应、职业认同等领域的相关文献进行梳理，得到如下启示：

第一，新形态就业对企业、政府、劳动者、研究者而言都是全新事物。国内外相关理论研究与实践解析相对滞后，亟待与时俱进的全新研究成果出现。相较之下，我国就业新形态实践发展更为超前。国内研究成果集中涌现，新形态就业的内涵与外延缺乏权威界定，有待深层次探索。定量分析匮乏，鲜有新形态就业与新经济发展核心变量间的深度关联分析。新形态就业作为尚未独立的就业形式，与非正规就业、灵活就业存在千丝万缕的联系，需要审慎加以区分辨别。新形态就业与传统就业的关联与演化发展还需进一步探讨。新形态就业的分类研究亟待展开，基本前提是理论框架搭建与科学分类。

第二，新形态就业积极效应与消极效应并存，一方面，新形态就业提高了求职人员与企业之间的匹配效率，降低了劳资双方的搜寻成本、沟通成本及签约成本，有效减少了摩擦性失业，以较高的开放性和包容性为劳动者提供就业机会。电脑及互联网技术的发展带动数字化经济运行，有可能促进社会经济倾向网络化、虚拟化，如此一来，有利于劳动力在全国自由流动。新形态就业打破了传统就业模式的禁锢，使工作更加智能化、弹性化。另一方面，当前传统劳动关系难以保障新形态就业者的基本权益，多数新形态就业者与企业之间只是缔结合同关系，岗位流动性较强，法律对此类劳动关系认定缺乏清晰的标准，缺乏对新型用工关系及用工义务的约束。互联网技术的进步使劳动者隐形化，平台与劳动者之间只是建立一种短暂的合作，工人与工作成果分离，加剧了结构因素对工作经验的影响，并且网络越来越复杂，增加了监管难度。

第三，职业认同是指工作中职工对其职业兴趣、能力、目标和价值的综合看法，不同工种对职业认同感具有差异。虽然职业不同但职业认同也具有共同的核心解释，研究人员通过对不同工作的职业认同感进行探讨，发现多集中于个体对职业的认知、职业情感、职业身份、职业态度、职业行为等方面，这些形态贯穿于多种职业。职业价值也是职业认同的一部分，当个体感受到自身从事的职业具有能够实现自我价值和社会价值，职业认同感会明显提升，价值判断包括相关竞争力、影响力和社会贡献等多个方面。从现有研究来看，职业认同的结构维度不同，但大致包括认知维度、价值维度、情感维度、能力维度。职业认同受多方面因素影响，大致分为个体因素和环境因素。其中，个体因素具体包括性别、年龄、受教育程度、收入、宗教信仰、种族、国籍等方面的内容；环境因素包括家庭环境、工作环境和社会文化环境。现有研究证实，职业认同与个体和利益相关者间存在重要联系，职业认同对从业者职业倦怠、工作压力、离职倾向、工作绩效等方面具有显著影响，利益相关者参与决策可以更好地帮助从业者提升职业认同感。在新形态概念兴起之前，学术界对职业认同的研究主要聚焦于传统职业，新形态就业近几年刚刚兴起，劳动市场发生了翻天覆地的变化，目前对新形态就业职业认同的理论和实证研究较为缺乏，有必要在今后的研究中多加关注。

1.4 研究思路与研究方法

1.4.1 研究内容与研究框架

（1）研究内容

本书研究框架由八个章节构成：

第1章是绪论。主要阐述本书的研究背景、研究目的和意义、相关研究综述、研究内容、研究方法及技术路线等。

第2章是对新形态就业的相关概念和理论做出简要介绍。相关概念主要包括新形态就业概念、特征与类别，职业认同的概念等；相关理论包括社会认同理论、激励理论和职位竞争理论。

第3章是新形态就业者职业认同现状分析。主要分析了我国新形态就业现状和新形态就业者职业认同现状，通过对现阶段新形态就业状况整理分析，为下文实证研究提供现实依据。

第4章是组织支持感对新形态就业者职业认同的影响分析。首先，探究新形态就业者组织支持感与其职业认同的关系，即探究新形态就业者组织支持感对其职业认同是否存在直接的正向影响；其次，探讨新形态就业者组织支持感如何影响其工作重塑行为，以及工作重塑行为怎样影响其职业认同感；最后，分析新形态就业者工作重塑行为在其组织支持感与职业认同感关系之间是否存在中介作用机制。

第5章是职业认同对离职倾向的影响分析。采用职业认同量表、心理所有权量表以及工作满意度量表，运用层级回归方法探讨新形态就业者职业认同对离职倾向的影响机制，检验心理所有权、工作满意度在这种影响机制下的中介作用与调节作用。

第6章是新形态就业者职业认同利益相关者博弈及决策分析。本章研究内容主要分为两个部分：① 新形态就业关于职业认同的问题描述与模型构建。② 新形态就业利益相关者职业认同（激励）策略均衡分析。第一部分主要对政府、平台及新形态就业者进行建模的基本假设与模型构建。第二部分主要分为四个小节：平台型企业激励策略稳定性分析、新形态就业者认同策略稳定性分析、政府监管部门监管策略稳定性分析、三方主体策略的演化稳定性分析。

第7章是新形态就业者职业认同提升的对策建议。从四个方面提出建议：增强组织支持感，培养新形态就业者职业认同；促进工作重塑，提升个体职业认同；提升心理所有权，降低离职倾向；构建职业能力数字化检测经济平台，提升平台企业社会化程度。

第8章是研究结论与展望。通过上述分析得出本书的主要研究结论，指出研究的不足之处，以期在未来研究中进一步丰富新形态就业理论。

（2）研究框架

依照"理论阐释—现状剖析—实证解析—对策建议"的逻辑脉络绘制技术路线图，如图1-2所示。

1.4.2 研究方法

（1）文献研究法

大量阅读国内外新形态就业者、职业认同、组织支持感以及工作重塑等相关文献。在参考已有研究成果的基础上进行整理与融合，寻找新的可行的研究方向，提出理论模型，探索其中的逻辑关系和内在机理。

（2）深度访谈与问卷调查法

本研究主要采用问卷调查法，研究工具为自评量表。为测量新形态就业者的组织支持感、职业认同与工作重塑等变量之间的关系，借鉴国内外已有的成熟量表，编制问卷并收集新形态就业者基本信息以及理论研究相关变量等数据。拟通过个人发放、问卷调查等渠道获得本书研究的数据。打印的纸质问卷主要用于在青岛本地的新形态企业的发放，由专业人员亲自到现场发放并回收问卷，现场对问卷填写进行沟通交流；电子问卷主要通过电子邮件、在线传递等方式发放和回收，主要借助于问卷星软件，进行信息的传递与收集。

（3）描述性统计分析

将所筛选出的有效样本原始数据做描述性统计分析，在结合样本特征进行初步简单分析的同时，进一步检查筛选出的样本是否分布合理，是否仍有异

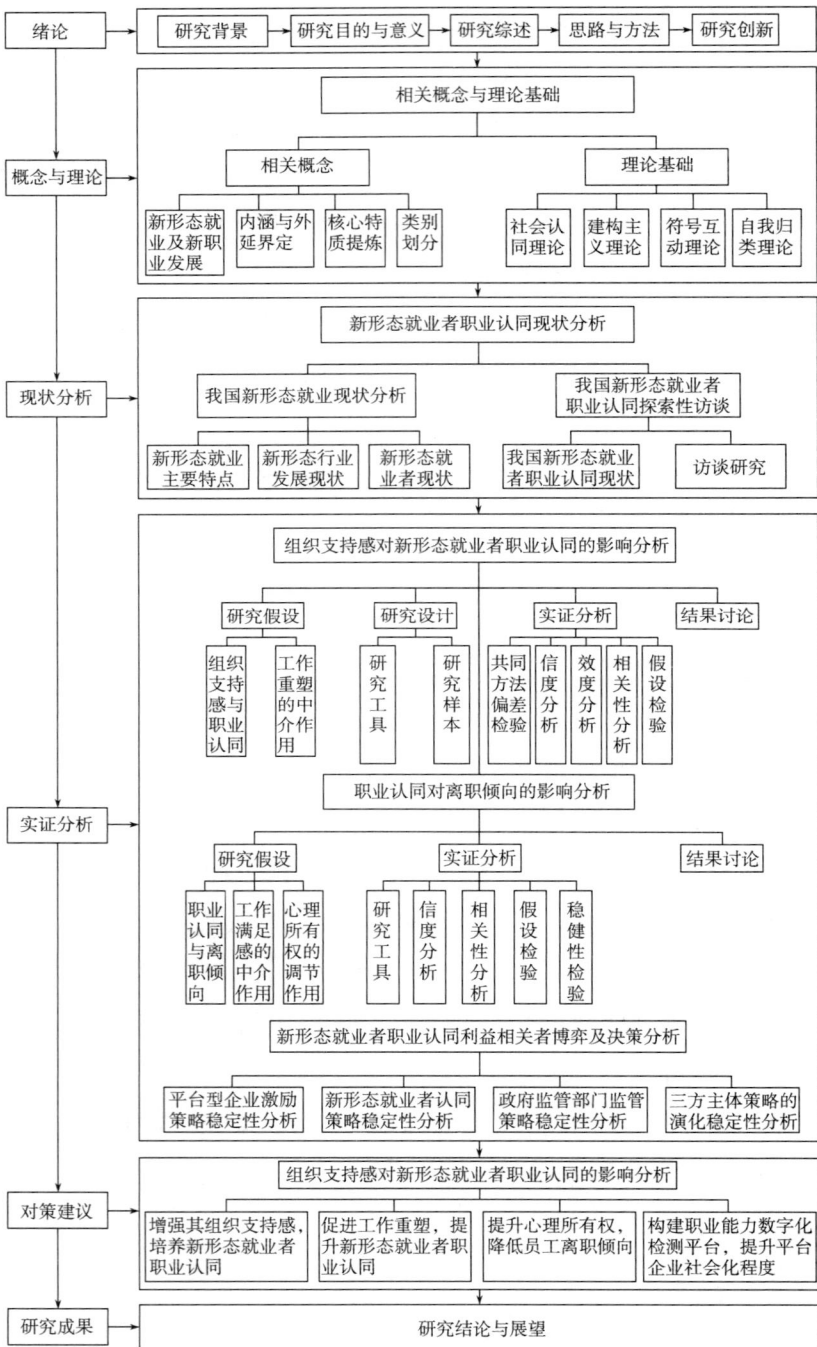

图1-2 研究技术路线图

常。总体来看，调查对象来自阿里电子商务平台、微商、滴滴出行、美团外卖、Airbnb、猪八戒网、Upwork等企业，涵盖了中国部分新形态就业平台。本研究分别就性别、年龄、学历和工作年限等变量进行描述性统计分析。

（4）结构方程模型

结构方程模型是多元数据分析的重要工具。本研究利用AMOS软件构建新形态从业人员组织支持感对其职业认同的作用机制——以工作重塑行为为中介变量的结构方程模型，并进一步利用路径分析，对组织支持感、工作重塑以及职业认同变量间的直接效应和间接效应进行验证。利用SPSS软件宏程序中Model 4中介模型，进一步验证了变量间的直接效应和中介效应。同时，结合AMOS软件、SPSS软件对数据进行了信度分析、效度分析、共同方法偏差检验以及相关性分析，以检验并确保主要变量数据之间的关系符合实证检验的标准。

（5）层级回归法

拟采用层级回归探究新形态背景下，心理所有权、工作满意度在就业者职业认同对离职倾向的作用效果中的中介作用与调节作用。为更精确地考察工作满意度的中介作用，基于SPSS软件中的宏程序，对中介效应进行Bootstrapping和Sobel检验。为了更好地说明调节效应，利用Aiken和West提出的简单坡度分析程序进行分析。将员工心理所有权按照高于和低于均值一个标准差分为高低两组，以职业认同为自变量，离职倾向为因变量进行分组回归。

（6）复制动态分析法

复制动态分析是博弈演化中常用的一种动态微分分析方法。在多种策略动态决定收益过程中，如果某一方案获得的收益高于其他方案，且在综合评价中能够被认可，那么，就认为这种方案能够适应群体动态变化，即该方案具备良好的稳定性，在多种方案中脱颖而出，可以获得更高收益。

1.5 主要创新点

（1）研究对象与研究问题选择具有创新性

新形态就业是近几年涌现的诸多新型就业模式的集合，呈现出规模不断扩大、模式加速更新及就业质量不断提升等特征。新形态就业的发展催生了一批新职业，新形态就业者承接了传统职业与新职业，从事新职业的占比较高。已有研究多基于劳动经济学学科体系，从宏观视角研究新形态就业劳动者群体的就业参与、劳动保障等问题，更多关注新形态就业者劳动关系如何规范、劳动权益如何保障及技能如何提升等。职业认同是就业质量评价与提升的关键性指标，关系到平台企业员工的长期留用与激励赋能，新形态就业群体的职业认同问题尚缺乏管理学视角的研究关注与深入探讨，本研究针对以上研究缝隙与薄弱环节进行研究对象锁定与研究问题确定。

（2）研究框架与思路逻辑设计具有创新性

我国新形态就业者职业认同的研究链条尚处于不连贯状态，链条前端、中端与后端的相关研究较为零散，未顺接成环。本研究设计了新形态就业者职业认同的前因、后果及利益相关者决策三大主体板块研究，相互衔接，环环相扣，从而实现对新形态就业者职业认同的理论体系架构与实践机制难题的多维立体化剖析，明晰该类就业群体职业认同的影响因素、关键效应及最优决策。在学界更多聚焦新形态就业贡献率的情况下，本研究尝试率先构建我国新形态就业者职业认同理论体系，从新形态就业管理者视角，通过主流职业的新形态就业者在就业过程中的心理感受与职业预期，为形塑新形态就业者职业认同、归属与忠诚提供理论铺垫与经验启迪。

（3）研究变量选取具有创新性

新形态就业者与组织的关系更松散、灵活，去组织化特征明显，同一劳动者可在不同平台或不同行业实现兼职就业，流动性强，职业转换率更高，职业认同感较为淡薄，离职率偏高。本研究选择组织支持感、工作重塑行为、离职倾向等新颖变量，对新形态就业者职业认同的前因和结果进行了探析。在此基础上，构建政府、平台及新形态就业者三方博弈模型，首创性地开展了平台型企业激励策略稳定性分析、新形态就业者认同策略稳定性分析、政府监管部门监管策略稳定性分析和三方主体策略的演化稳定性分析，从而体现出研究变量遴选与串联思路上的创新。

2

相关概念与理论基础

2.1 新形态就业的概念、特征与类别

2.1.1 新形态就业及新职业发展

什么是新形态就业？哪些新颖的就业形式属于新形态就业？新形态就业相关的基本概念是新形态就业研究的理论基石与逻辑起点。目前来看，学界对新形态就业内涵与外延缺乏较为权威的界定，内涵要点不一致，外延边界不清晰，仍需在就业实践发展中逐步解决痛点。本章运用文献聚合法，对新形态就业进行内涵重塑与外延界定。在此基础上，逐一提炼新形态就业的鲜明特征、概念内涵，吸收新形态就业区别于传统就业的核心特征。梳理归纳新形态就业的主要类别，尤其是最新涌现的类别，例如雇佣分担、岗位分担、临时管理工作、基于信息和通信技术的移动工作、组合工作、众包就业、合作就业等，使得概念外延尽可能实现多种新类型的全覆盖。

从世界范围来看，我国新就业形态在从业人员数量、服务形式与市场分布等方面均走在前列。疫情期间兴起的"共享员工"模式是灵活性趋势的例证之一。我国服务业就业吸纳能力远高于制造业，是新经济渗透发展的主战场。信息、科技、数据、设计等服务的新生领域开始占据一席之地，养老、育儿与家政等生活服务产业有巨大的上升空间。随着自动化的普及，生产的智能化水平越来越高，AI、机器人将会逐渐替代传统的重复性低技能的劳动任务。这也意味着，一方面，人工智能技术的提升会减少一部分低技能劳动者就业的岗位；另一方面，劳动者必须努力提升劳动技能以匹配智能型生产

的要求，以提高劳动生产率，摩擦并迸发出新的就业创造火花。

随着新就业形态的长足发展趋势与市场渗透，在技术进步、商业模式创新及市场需求升级等多方势力的推动下，新职业的涌现是必然的，也是产业分工、整合与分化的作用结果。在新形态摩擦碰撞的过程中，部分较为成熟、具有明确价值导向、对市场经济作用明显的职业会逐渐沉淀、打磨并发展形成新职业。2019年至今，人社部等多部门共发布了3批共38个新职业（2019年4月发布13个，2020年3月发布16个，2020年7月发布9个），尤其在疫情的催化作用下，新职业的数量与类型大幅增加。这些新职业的主要形式有聚焦农产品经营的农业经理人，与数字化时代密切相关的人工智能训练师、区块链工程技术人员，也有能够提升国家智能制造实力、芯片制造等薄弱项目的智能制造工程技术人员、集成电路工程技术人员，医疗健康项目中细化出来的出生缺陷防控咨询师、呼吸治疗师、康复辅助技术咨询师等，以及疫情防控期间便民生活领域的健康照护师、供应链管理师、网约配送员、城市管理网格员等，这些令人眼前一亮的崭新职业已活跃在抗击疫情一线并发挥了重要作用，折射出疫情期间在线新经济的迅猛发展。新职业的诞生提供了一大批符合时代要求的就业岗位，为劳动者提供了多样化的职业选择与发展空间，也即将萌生出一批新职业领域的专业人才，以带动新职业的社会认同与开拓深耕。

由此可见，相关部门对新职业的认定逐步推进，我国已经建立起职业分类大典动态调整机会，新职业与新工种将会随着市场要求进行不定期的更新发布。毋庸置疑的是，传统的职业分类将逐渐退出大众视野，"新360行"的职业分类会取而代之。新形态就业模式的职业化发展，已成为我国数字经济迭代升级进入深水区的重要标志之一。这些新职业均存在一定的从业人员规模，从业技能独立且符合社会发展方向，具有重要的产业引领作用。新职业的频频"入圈"，不仅有利于从业人员获得社会认同并明晰职业生涯规划，也有助于监管逐步规范化，为我国数字经济新形态的优化发展注入新动力。

2.1.2 内涵与外延界定

新形态就业显著区别于传统就业形态，具有鲜明特征与辨识标志。传统就业下，劳动者的劳动地点与时间相对固定，与雇主签订劳动合同的概率较高，劳动者权益受到劳动合同法等法律法规保障。新形态就业中的雇主与雇员的熟悉度不高，二者之间存在第三方平台，平台集成了海量资源，实现信息流、资源流互通，成为新形态就业供给与需求对接的纽带。新形态就业任务呈现碎片化特征，劳动者个人难以辨别任务全貌，需要不同分工的劳动者通力合作完成任务。可见，无论就业形式、驱动力还是运行机制方面，新形态就业均自成一派，辨识其内涵与特征需要遵循实践发展脉络循序渐进。目前，新就业形态的表现形式主要分为生产力和生产关系两类。生产力的表现形式主要是指数字化、智能化及信息化时代下的工作模式的变革与创新，生产关系的表现形式主要是指技术更新迭代与大众消费观念改变相互交融下产生的去雇主化与平台化的就业模式。纵观新就业形态的全球化发展，生产力就业形态仍处于萌芽状态，已形成初步的发展苗头，而生产关系就业形态目前已在世界各大工业国家普及，在不断地考验与更新中逐渐形成稳定发展之势。国际劳工组织把新就业形态群体纳入非标准就业的分类被广泛接受，但从劳动经济学学科角度，"新形态就业"尚未有标准定义。

通过相关文献梳理，在充分吸取专家意见的基础上，笔者尝试将新形态就业的内涵界定如下：通过数字技术等高技术更新换代，实现以平台为依托、去雇主化的以信息交互为内核的全新就业形态，用工方式灵活，是新经济发展的必然产物。随着平台商业模式创新及劳动者自主劳动供给意识的觉醒，新形态就业的外延层次逐渐丰富化：宏观层面，与新经济（共享经济、平台经济、数字经济等）相关联的就业模式；中观层面，在互联网企业、平台企业等新型组织中实现的灵活就业；微观层面，从事非传统就业的劳动者，均属于新形态就业的外延包络[81]。可见，对新形态就业者群体画像是一项较为繁复的工作，群体中的个体千人千面，各具特色，运用单一政策解决问题的效率较低。

我国劳动力市场的新就业形态呈现"四新"特征：一是就业领域新。目前，我国新就业形态的主体以小微科技创业企业、电商物流、社群组织、分享平台等为主。二是技术手段新。互联网、AI、大数据、5G、物联网等技术不断更新发展，大大缩短了服务的时间成本与交易成本，实现平台、从业者、用户的高效匹配与精准定位，能够快速对接市场供需，延展服务的多样化与实效性。三是组织方式新。新就业形态的用工方式更为灵活、松散，从业者去组织化特征明显，可通过技术平台实现劳动者与工作机会的直接对接，极大提升劳动机会。四是就业观念新。数字化时代充满了动荡与机会，许多劳动者已不甘困于铁饭碗的稳定枷锁，乘着时代浪潮追求兴趣与价值成为很多有志向的年青一代的远大抱负，新就业形态为他们开启了就业创业的大门，摆脱了组织的依赖感[82]，可以发挥更多的自主性与自由性。

此次疫情中脱颖而出的新就业形态的工作类型主要涉及以互联网、大数据、AI等技术支持的平台企业根据劳动需求与消费需求通过整合、组织、调配、分派等管理活动实现劳动者与消费者之间的精准对接，典型的职业有外卖骑手送菜、送饭，网约车平台组织医护人员接送车队等。

2.1.3 核心特质提炼

我国新就业形态在从业人员数量、服务形式与市场分布等方面均走在了世界前列。近年来，新就业形态的就业吸纳作用显著，城镇就业规模连年保持在较高水平。相较于传统就业，"新"主要刻画了新形态就业的核心特质。与传统就业相比较，新形态就业呈现以下五项主要特征。

（1）雇佣关系弹性化与虚拟化

传统的雇佣关系分为雇主和员工双方共同参与，以劳动合同的签订作为双方价值交换的基础，员工依法享有社会保障的权利，企业根据岗位为员工设置劳动任务、工作地点、劳动时间等内容，因此，员工很大程度上受到企业规章制度的限制。新经济发展背景下，消费者需求日益多样化和个性化，企业想吸引并获得消费者支持，需要建立柔性组织管理模式，特别要创新人力资源管理模式，开发更具灵活性与弹性的雇佣模式，快速适应市场环境变化，提高资源配置效率。大部分就业者改变了之前必须依托雇佣组织来实现就业的状况，转向不依托实体企业的自雇佣形式，工作时间、内容、地点等可根据自身情况灵活调整。这种弹性雇佣模式有助于合理安排工作时间，提高工作效率，发挥人力资本价值，同时有益于组织依据市场变化及时调整管理战略。新形态平台就业模式较具典型性，就业者凭借虚拟账号，为平台提供服务实现就业，同一劳动者可在不同平台实现兼职就业。

（2）就业形式平台化与去组织化

传统企业多呈现直线制、职能制及事业部制等组织结构。1990年以后，得益于互联网信息技术的快速发展，企业内部信息沟通交流愈加快捷高效，整体组织结构变得更加扁平化和网络化。传统的组织（如工厂、公司等）正在向"平台"形式转变，传统组织结构在信息传递效率、管理方式、规章制度等方面的优势逐渐消失，面临逐渐被淘汰的风险，取而代之的是平台化的新型组织形式。新形态就业背景下，劳资关系呈现松散性与灵活性，从业者去组织化特征明显，可通过技术平台实现劳动者与工作机会的直接对接，极大提升劳动机会。"大平台+小前端"体系运转具有灵活多样性，小前端走向小微化、个性化，使得具备创新与实践精神的就业者充分利用小前端更好地施展个体才华与创新能力。在该体系中，平台发挥基础服务与资源调度功能。波士顿咨询集团和阿里研究院将当前新平台组织的共性进行归纳，总结出的特点主要有小前端数量多、平台规模大、生态体系多元化及浓厚的创业精神。其中，新就业形态创业与自主灵活就业也具有无组织化的特点。

（3）就业边界扩大化与全球化

传统就业方式主要依托与建立劳资关系的组织主体，就业机会受到资质、身份等条件的限制。智能科技的运用及平台式就业模式的发展与成熟，劳动者身体素质、地理位置与工作时间已不再是影响就业的显性因素，劳动者可以获得更多工作机会，就业边界随之扩大。无论是位于偏僻处的劳动者个人还是生产规模小的企业组织，皆可借助新型就业平台获得来自全球各地的工作机会。例如，猪八戒网使远程办公成为可能，Upwork平台为超千万的灵活就业人员提供了跨国就业机会。

（4）就业观念灵活化与多元化

传统就业者的就业观念较为保守，乐于选择较为稳定的职业。越来越多的新形态就业者不再过分追求安逸稳定的工作，比如公务员、事业单位、国有企业等，更倾向于从事网络主播、滴滴司机等灵活性与自主性强的工作。

新形态就业者的就业观念较为开放，富有创新创业精神，善于抓住机遇实现自身价值，进一步弱化了对组织的依赖。遵从自身兴趣爱好，追求自我价值实现的新形态就业者广泛出现在小微科技创业企业、电商物流、社群组织、分享平台等新经济业态中。

（5）劳动者就业风险扩大化

灵活就业模式的发展使得劳动者可以在不同就业平台自由转换，增加了个体所面临的就业风险。据滴滴出行平台的一项调查发现，平台从业者多以兼职工作方式为主，在实现个人收入增长的同时，也带来了收入不稳定、劳动安全无保护、无法对接社会保障体系、需求与价格变动冲击等多项系统性风险。西方发达国家出现了工作方式灵活但收入不稳定且徘徊在正式组织以外的新阶层，导致社会阶层矛盾出现复杂化倾向。

2.1.4 类别划分

新形态就业既包括由于信息技术进步而产生的全新就业形式，也涵盖一些基于工作灵活性需要，与传统就业交叉的复合型就业类别。国内尚无学者划分新形态就业类别，研究焦点集中在新形态就业者的类别划分。主要包括创业式就业者、自由职业者、多重职业者、他雇型灵活就业者、自雇型灵活就业者、数商等（张成刚，2016[82]；郭丽荣，2017[83]；葛萍，2017[84]；朱松岭，2018[85]；王娟，2019[86]）。如表2-1所列。

表2-1　国内新形态就业者类别划分

作者	年份	新形态就业者主要类别
张成刚	2016	创业式就业者 自由职业者 依托互联网或市场化资源的多重职业者 部分他雇型就业中出现的新类型
郭丽荣	2017	互联网催生出的"数商" 自由职业者 多重身份职业者 新型他雇型职业者

续表

作者	年份	新形态就业者主要类别
葛萍	2017	正规就业下的新形态就业者 他雇型灵活就业类新形态就业者 自雇型灵活就业类新形态就业者
朱松岭	2018	创客模式（机会型与稳定型） 威客模式（传统威客、垂直威客和新型威客） 兼客模式（延伸兼客与多元兼客） 圈客模式 对客模式
王娟	2019	创新驱动式就业 "互联网+"带来的创业式就业 新技术与传统经济相融合产生的新经济就业 依托于信息技术和市场分工细化带来的新兴职业

由劳动者类别洞察新形态就业劳动者的主要特点如下：

首先，大城市依然是新就业形态的主要承载者，中小城市的从业者呈稳步上升趋势，但是势头依然不如大城市。从业者多以35岁以下的年轻群体为主，这部分群体对互联网工具更为敏感，时间观念与适应能力较强，尤其是创业型的从业者更富有企业家精神，可以充分利用互联网技术与渠道开拓管理疆土，偏好于创造性的工作内容与活动。

其次，新形态从业者的自主性较强，可以在任何地方完成工作，甚至可以展开跨地区、跨国的工作，工作便利性较高。

最后，平台、从业者与客户的关系发生了改变。工作过程由从业者控制，从业者通过平台与客户取得联系，从业者和客户之间的关系较为直接。客户资源掌握在平台手中，从业者以平台为中介获取工作，平台抽取一定比例的利润。

国外关于新形态就业类别划分的研究成果相对较为丰富，欧洲改善生活与工作条件基金会（2015）[82]将新形态就业划分为雇佣分担、岗位分担、临时管理工作、临时工作、基于信息和通信技术的移动工作、基于凭证的工作、组合工作、众包就业、合作就业九种。Huws（2015）[87]认为，新形态就业类型包括在家办公的自由职业者、办公工作外包就业、自雇零工市场就业模式、被雇零工市场就业模式、Starbucks零小时合同、Mila零小时合同、Axiom模式等。麦肯锡全球研究所（2016）[88]将零工经济下的人力资源划分为四种：自由代理人、临时工、不情愿的人和财政拮据的人。桑多瓦尔·马里索尔[89]（2016）认为，新形态就业人员可分为自营劳动者、家庭帮工及其他灵活就业人员三类。如表2-2所列。

表2-2 国外新形态就业类别划分

作者	年份	新形态就业者的主要类别
欧洲改善生活与工作条件基金会	2015	雇佣分担、岗位分担、临时管理工作、临时工作、基于信息和通信技术的移动工作、基于凭证的工作、组合工作、众包就业、合作就业
Huws	2015	在家办公的自由职业者、办公工作外包就业、自雇零工市场就业模式、被雇零工市场就业模式、Starbucks零小时合同、Mila零小时合同、Axiom模式
麦肯锡全球研究所	2016	自由代理人：主动选择独立工作，并获得主要收入。 临时工：通过独立工作来补充收入。 不情愿的人：靠独立工作谋生但更喜欢传统的工作。 财政拮据的人：在必要时工作谋生
桑多瓦尔·马里索尔	2016	自营劳动者：自我雇佣者（自谋职业）和自由职业者等。 家庭帮工：那些帮助家庭成员从事生产经营活动的人员。 其他灵活就业人员

基于我国新形态就业发展实际，参考国内外研究成果，依据不同标准对新形态就业进行如下类别划分。随着新形态就业模式在实践中不断丰富，新增类别继而涌现，再进行多维度分类补充。

第一、按照就业依托介质，划分为基于互联网平台就业和基于移动设施就业。基于互联网平台的新形态就业主要是指工作任务获取与完成需要借助互联网平台实现，主要包括线上劳务交易、线上服务交易、线上商品宣传和线上直接就业等。基于移动设施就业主要指工作任务获取与完成主要依靠手机等移动设备实现，主要包括个人微商、社群微商、手机直播等方式。

第二、按照就业方式，划分为共享就业与零工就业，零工就业包括高端零工与低端零工。共享就业是指劳动者借助手头闲置资源，通过共享方式达到就业、获得收入的目的，主要是以Airbno、小猪短租、滴滴出行、Bird、Lime等为代表。零工就业是指劳动者不拘泥于固定劳动时间和劳动场所，劳动实现方式更加便捷。低端零工主要指从网上搜集简单工作任务，实现收入补贴的方式，高端零工是指劳动者依靠高人力资本及创新能力获取高质量就业机会，猪八戒网、Upwork等属于此类。

2.2 职业认同概念

国内外学者针对职业认同的定义给出了多元化的观点，主要包括态度、特征、身份、角色、过程与状态、情感与意义等方面。

第一，态度说。职业认同是对待工作的一种态度，是对所从事工作的认可，职业认同包含了对职业乐观的态度、情感的寄托、自我肯定与组织认同，积极的态度使劳动者充满激情，是做好本职工作的前提。Blau（1985）指出职业认同是员工对组织的归属感和认同感，体现了对职业的喜爱程度，能够拿出百分之百的热情对待工作[90]。Meyer等（1993）通过研究将职业认同定义为劳动者通过自身劳动对企业的贡献而使自己得到满足的主观感受，能够从岗位中获得自豪感[91]。

第二，特征说。特征说联系identity一词的特性，认为职业认同不仅是个人态度的表达，同时也是表述职业特征的术语。Gazicl（1995）认为，职业认同是对职业各层面特征表述的综合[92]；Nixin（1996）研究指出职业认同是一种特定的术语，专用来描述特定领域的工作人员的心理特征[93]。

第三，身份说。从某种角度说，所从事职业代表了个人身份。在认同过程中，劳动者根据性别、年龄等展开对自身身份的确认，通过这种身份了解自己所处社会地位差异，对自我有新的认知。职业认同可解释为从业者在工作过程中基于情感、性别、社会差异等对自身的认知和识别。在社会心理学概念中，不同的学者对身份说分别给出了各自见解。

（1）从劳动者个体的身份意义角度出发

持有这一观点的学者们普遍看重个体从事工作的社会价值对个人未来成长发展的影响。Fugate等（2004）研究发现从业者从"未来想做的工作"和"已经在做的内容"的角度出发探讨"个体存在意义"这个本质问题[94]。Meal（1995）认为职业动机是职业认同的后因，它具体可以分为个体的劳动积极性和职位晋升两部分，体现了劳动者个人的身份认知[95]。Moore（1995）指出职业认同这个概念是在漫长的社会历史发展中逐渐形成，在这一过程中受到个体工作性质、工作内容、组织和社会价值等的影响。个体只有具备较高的职业认同才能保证工作质量，实现组织目标的基础，完成自我身份认定[96]。

（2）从劳动者群体的身份意义角度出发

第一，过程状态说。职业认同有过程和结果之分，过程状态说可以很好地区分这二者。魏淑华（2005）研究表明职业认同既是一种状态，也是一种过程。"过程"即劳动者个体通过考虑自己的工作生活和未来发展，明确自身角色；"状态"即从业者的个人工作满足感和成就感[97]。

第二，情感说。情感说按照从业者的工作情感和身份认知，主要可以划分为成就感、满足感、自我认同和职业认知等几个维度。Schein（1971）认为，职业认同是对社会认同的基础，职业认同也是情感上的认同，通过与其他职业比较，发现自身工作中的自我价值和社会价值，从而认为这是一种有意义的职业，激发个人才能，对个人的职业发展和职业规划具有积极作用[98]。Kremer（1981）认为，职业认同不仅受组织和他人期望影响，也取决于个体的工作经历和个人情感认知。这二者都会对职业认同的形成过程产生重要影响，这也意味着在从事职业认同方向的研究时要秉持全局观点，统筹他人和从业者对职业的综合意见[99]。Brickson（2020）的研究结果表明，职业认同的形成不是一蹴而就的，这是一个过程，是劳动者在长期从事某种职业活动的过程中形成的一种带着情感的概念，经过一定时期的过渡，个体会对工作性质、工作特征、工作社会责任与义务，组织机构与结构有了更深一层的了解，对该职业和组织产生情感，认为自身做的事情是有意义的，职业认同个体实现自身价值，完成工作目标的重要前提条件[100]。

2.3 相关理论阐释

职业认同实证研究具有相对较为丰富的理论支撑，经系统梳理，本研究所依托的基础理论主要有社会认同理论、建构主义理论、符号互动理论与自我归类理论，具体阐述如下。

2.3.1 社会认同理论

社会认同理论（social identity theory）是社会心理学领域的一种典型的群际研究理论[101]。自泰弗尔（H.Tajfel）于20世纪70年代最早提出"社会认同"概念后开始发展，经由特纳（J C. Turner）等人的修订和完善，内涵逐步深化，形成了应用广泛的社会认同理论[102]。这一理论区分了个体认同和社会认同，不仅解释了传统的集群现象，而且能够更好地解释群体和个体的关系本质，已经成为一种剖析个体社会行为的强大的解释性工具。

2.3.1.1 最简群体范式

泰弗尔系统提出社会认同理论是在对最简群体范式的研究基础上演化而来。泰弗尔及其同事提出最简群体范式主要用于解释群内和群际现象。在当时背景下，解释群体内外关系的主流理论是现实冲突理论，现实冲突理论认为群体间不同的利益追求导致了群体间的态度和行为，当群体内部不一致时则会产生群体斗争，由此产生了外群歧视和内群偏好的群体关系，但这种解释对于产生群体冲突的必要条件等问题没有做出合理分析，并且该理论的应用范围狭窄，不能适用于不同的文化背景和实际情景。因此，最简群体范式得到发展和传播[103]。

最简群体是一种纯粹的心理认知，它不涉及任何客观利益，只要人们感知到自己归属于某个或某些群体，他们就会对群内成员产生联系，更愿意在群体内部分享资源，而不愿意与其他群体进行协作，因此，最简群体范式对利益目标不一致的群体具有一致的适用性。

最简群体有三个基本特征：其一是任何群体内部的成员之间不存在任何联系，完全是基于自主认知找到自我的群体归属；其二是群体的划分标准不涉及任何利益，不局限于任何的社会规范，划分尺度完全是随机和任意的；其三是群体的形成没有具体规律可循，脱离于任何的社会规章，同样地，群体态度和行为表现也没有具体线索可供追寻。

2.3.1.2 社会认同理论的假设前提与基本要义

社会认同理论具有三个假设前提：第一，个体都在努力地维持和增强自尊，强化自我概念，为了满足这一需求，他们会不断努力，充实自我，以寻求相应的社会群体认同感；第二，社会群体和他人行为会对个体行为产生不同的价值感知，个体通过在某些群体内获得的身份定位来建构起自我概念，可以说，自尊在某种程度上取决于个体的社会认同；第三，对群体的评价需要通过与相关群体的社会比较获得，比较结果的好坏会影响个体社会认同感，进一步导致积极或消极行为的产生[104]。

基于上述假设前提，泰弗尔等人搭建起社会认同理论的基本框架，认为社会认同理论是指个体从其所感知的所属群体中完成自我身份定位，完成自我概念的强化，获取作为群体成员所享有的情感满足和价值体验，个体通过维持和增强社会认同来满足自尊需求，并产生群体内偏好和歧视外群体的倾向，和相关群体间的社会比较差异会影响个体对自我身份地位的评估，进而采取不同的应对策略。

2.3.1.3 社会认同的基本历程

社会认同理论包含三个重要认知过程，即分类、比较、区分，反映出个体对构建更具黏性的自我和社会群体的心理愿望，揭示出个体的行为因社会标准和他人行为而产生差异的原因[105]。

（1）分类

社会认同是个体根据所属社会类别来确定自我身份定位的一种心理倾向，不同的社会类别将对其所属成员产生不同的影响。社会类别的划分没有统一固定的标准，一般而言，人们根据国家、民族、阶级、职业和性别等维度来划分范畴，但各个类别都不是孤立存在的，群体因群体之间比较的存在而具有意义。此外，个体并不是仅仅属于某一个群体，而是同时归属于多个群体，这些群体从不同的角度和层面促进个体发展，使个体在他们所属的范畴内获得积极地的自我感知，满足个体的归属感和认同感。

（2）比较

社会认同理论的基本观点认为社会群体和群体内部成员都会给个体的态度及行为带来影响，赋予他们以积极或消极的意义，而个体都有获得自尊和归属感的需求，为了满足这一需要，个体都期许其所属群体具有较高的认知度和威望，因此，个体都会倾向于对群体内部成员分享资源，每个成员都本能地为该群体的发展做出贡献。泰弗尔和特纳认为个体对其所属团队的评价是通过与其他群体的社会比较来开展，消极的比较差异会导致个体的需求得不到满足，降低对所属群体的归属，可能会选择离开该群体，反之，积极的比较结果则会进一步增强群体的认知度，增强群体内部成员的信心，促进其做出更为积极的努力使得现有群体获得更高的威望，自身获得更高的自尊。

（3）区分

在社会分类和比较的协同合力下，个体找到了预期能满足其自尊需求的社会群体，也将特定群体成员和规范融于自我概念中，个体会对该群体具有强烈的归属感，进而自发地做出积极贡献以促进群体发展。个体在某个或某些群体内获得的身份定位会随着群体的层次和威望而发生改变，社会比较带来的积极或消极差异，会导致个体产生不同的情感，个体将会对现有身份定位进行重新评估。一般而言，个体都希望将自我归类于更加优秀的群体，表现优良的群体能为个体提高优越资源，为个体带来积极情感和价值意义，群体成员也会为群体做出持续贡献，使所属群体在与相关群体的比较中占据优势，这就是区分的意义所在。通过社会分类、比较和区分的协同发力，个体实现了对特定群体的积极认知、情感体验，进一步产生了相应的群体行为。

2.3.1.4 社会认同的作用

社会认同作为一种重要的社会心理机制，对群体间的行为和群体内的个体行为都具有十分重要的作用。

（1）社会认同对群体的作用

传统意义上的社会认同理论揭示了内群偏好和外群歧视，准确把握不同类群中个体的心理倾向，有助于组织采取针对性措施改善群体内部凝聚力，加强群体之间的协作力，从这个意义上来说，社会认同可以看作组织稳定的安全阀，社会和谐的润滑剂。社会认同强调的是一种社会身份的构建，同一群体内的个体具有相似的心理和行为倾向。因此，社会认同有助于个体同化于组织目标，依照群体规则来规范自身行为，同时，同一群体内的成员会主动为群体发展做出积极性贡献，以帮助群体实现目标，提高群体的社会地位，进而在社会群体比较中占据优势地位。社会认同和组织层面的产出具有高度的关联性，较高的社会认同有助于改善群体内部成员间的人际关系，在群体内部营造具有高度包容性和协作性的组织氛围，这又有助于增强个体的心理资本，提高个体的创造能力。

（2）社会认同对个体的作用

个体都有多样的需求，而自尊需求作为较高层次的需求，一直是个体所向往和追求的。社会认同感的高低往往受到个体对于社会身份追求层次高低的影响。人们可以通过群体间的比较，感知到不同社会身份的差异，而人对于自尊的强烈需求会促使个体学习本领，强化自我，以便获得更为积极的社会身份，满足自尊的需求。此外，个体都有规避风险的倾向，人们总是想要找到所属群体，以减少个人态度、情感等方面的不确定性。通过培养高度的社会认同，个体可以融入组织特征中，明晰自我的身份定位，给予个体价值实现的信心和动力，社会认同能够引导个体态度和行为，有助于个体强化自我概念，减少不确定性带来的消极作用。

2.3.2 建构主义理论

"构建"两个字最早出现在维柯的"新科学"中，他还提出了"人们的历史经验归根结底是由于人们社会的变迁造成的，而人们自身习惯正是受到了历史的影响"。由此，维柯发现，一旦某种观念被人们自己"建构"，他们都能准确刻骨地理解。这一论断被人们认为是建构主义的哲学开端，从此"构建主义"[①]思想便在近代蔓延开来。"建构主义"与"唯物主义"有着相

---

① 何克抗. 建构主义——革新传统教学的理论基础（三）[J]. 教育学报，1998（5）：48-49.

似之处，它认为世界是客观存在的，然而，由于人与人之间的经历不同，对这个客观存在的世界的认知也是有多差异的，简而言之，人们对于客观世界的理解都是建立在历史经验的前提之下的主观认知。

由于受到现代认知心理学观点的影响，"建构主义"支持"主体-客体互动论"①，主张人们作为认知主体，具有主动性，指出人们所吸收的历史经验与新经验的混合交杂会影响人们对于某种事物的"构建"。由于人们之间的经历不同，基于同一事物，不同个体积累的经验也有所差异，最终可能就同一事物建构出不同的结果。同一事物之所以会被建构出不同的结果，究其原因，主要是不同主体对于事物的理解程度差异，即个体的"图式"各异。

（1）图式——建构主义理论的重要概念

《韦氏词典》中记载，"图式"是"当个体面对复杂的环境时，会形成一种固有的思维组织方式，实质上是潜意识里的经验编纂"。具体来说，由于人们记忆的有限性，在无时无刻不面临大量信息的环境下，人们别无选择地要对出现的信息进行加工。"图式"根据认知心理学理解，可以定义为一种认知结构，即人们对信息进行加工处理后所形成的多个储存信息的单位集合。个体不可避免地会遇到许多新鲜事物，要想理解这些新鲜事物必须将他们与已有的图式联系起来。图式是个体对信息的主动加工，人们倾向于对当前事物进行评价和摸索，以期找到合适的图式。个体的记忆相当于图式的"储藏间"，图式能够及时发现信息、检测信息重要程度、是否选择信息，以及处理信息的方法。当某类信息与人们的历史经验相贴合时，相应的图式会逐渐被确定，当某类信息与已稳定的图式有出入时，个体有可能会有抗拒的心态，同时更倾向于稳定已有图式，也可能根据信息对图式进行调整。②

由此可见，图式在认知结构中扮演着重要角色，标志着人类开始正式认识"客观世界"。图式影响着个体对客观世界的反应，他们的知觉、理解和思考方式都随着客观世界的变化而变化，同时也在个体心理活动中扮演着

---

① 孙泽文. 也论互动教学的内涵、特征与实施原则［J］. 教育探索，2008（11）：12-13.

② 资料来源：《中国消费者报》

"框架和组织结构"的角色。

（2）自我图式理论的提出与发展

基于对"图式"概念的理解，"自我图式"（self-schema）也就是自我的感受，由一个个体经过加工处理后的信息组合构成，是一个个体对"自我"在其认知上的概括[106]。马库斯（H.Markus）将"自我图式"定义为一种信念，并且能够加工与自己有关的信息，也就是说，"自我图式"能够对自己的某些特质有明确的认知，将会影响个体客观世界的认识。简而言之，"自我图式"是由人们过去经历积累而成，同时影响着当前和未来的经历，决定着人们对与自己有关信息的反应。

自我图式虽然受个体旧时经历影响，但在存储信息的同时，还能指导个体对当前的经历做出判断，甚至具有预判性，能够对"未来自己"进行预见性地判断。以往经历构成的个体处理当前的经历具有自我延续性，再次印证了"图式"的影响，其中的内容（例如："我非常勇敢""恶人必有恶报"等）可以被视作人们的深层认知。因此自我图式理论能够帮助个体使用图式来组织当前的信息，并为未来的理解提供一个框架。

2.3.3 符号互动理论

"符号互动论"是由美国社会学家布鲁默（Blumer）正式提出。但在布鲁默之前，美国学者詹姆斯、库利、杜威等人也先后对"符号互动理论"进行了研究[107]。紧接着，美国社会心理学家米德在总结前人观点的基础上，系统提出了"符号互动论"的思想。

（1）符号理论基本观点

符号互动理论的提出是建立在"社会行为主义哲学"前提下的，利用该理论可以对人们的思想动态进行大致把握，从而检验人们社会行为中的意识活动。米德认为行为主义未考虑到人类作为群居生物的高级特性，忽视其发展的社会性，未能抓住人与动物的根本差别。由于受到达尔文的进化论和实用主义的影响，米德认识到，意识不仅是融入社会的重要能力，更是人们众多特性中最关键的。米德进而认识到，意识能够对符号进行理解和应用，在人类的社会互动中具有重要意义。

（2）符号理论基本解读

符号互动理论认为，脑力活动是建立在日积月累的主观认知的基础上的，并且指出人们对自我的认知在大量主观认知中扮演着重要的角色，"自我"的定义就是在社会行为中不断与他人接触而产生的。

詹姆斯认为，"自我"即人类有能力把自己视为客体，并培养对待自身的感情和态度。詹姆斯将自我分为物质的自我概念、社会的自我概念、精神的自我概念和纯粹的自我概念。其中，物质自我概念是对自己整个身体的一种认识；社会自我概念就是对别人心目中的自我进行认识；精神自我则主要指的是对自己的意识状态、心理状态和能力大小的一种认识：物质自我、社会自我和精神自我可以统称为经验自我，而纯粹自我可以表述为个体对于经验自我的认知和评估结果。符号互动学理论认为，"社会自我"是在社会中通过与他人的互动而形成的，是人们在与他人进行交往互动而形成的自我认知[108]。

2.3.4 自我归类理论

自我归类理论（self-categorization theory）是由以约翰·特纳（1987）为代表的学者于20世纪后期在其研究中所首次提出的[109]。该理论以现代社会认同理论为基础，并对其进行了扩展和延伸。根据社会心理学领域中已被广泛使用的12个假定（assumptions），自我归类理论提出了3个一般性假设和14个更加具体的假设，由此形成了完整的理论体系[110]。

总结而言，自我归类理论的基础性观点主要表现为以下两个重要方面：首先，自我概念及自我知觉可以随着社会认同和个人认同而产生某种改变；其次，当明确地界定了自我转变的依据，满足了由个体的人转变为社会认同时，其便为群体行为的产生提供了原因解释。

（1）个人认同和社会认同

自我归类理论的重点在于如何明确个人认同和社会认同之间的边界，从而做到对二者概念的准确区分。特纳（1978，1982）认为自我归类理论的起点，源自对泰弗尔人际和群际行为之间区分的深刻理解，然而，反过来其又能够由他人通过在个人认同和社会认同之间做出准确的区分而对其进行解释[111]。

特纳指出，在社会心理学领域中具有一个被广泛使用的假设，即在社会自我概念的理解中最少存在三种可对其发挥有重要作用的抽象水平的自我归类：第一，人类的最高级水平为自我，根据一个人作为有别于其他生命形态的人类的认同，这一层次的自我归因形成了与人类种群的其他成员所共享的一般特征。第二，在内外群体分类的中间水平方面，通过对人类内群体成员之间的社会相似性，以及其与外群体之间差异性的分析，将个体确定为区别于其他社会群体内成员的某种特定社会群体。第三，处于次级水平的个人自我归类，是指在将自身认定为独特个体的前提之下，依据其与其他内群体成员之间的差别将其确定为一个具体的、特定的个体，其强调个体与内群体内其他成员之间的区别。

由此可以看出，个体的人类认同、社会认同和个人认同分别与自我归类的高级水平、中间水平和次级水平一一对应，即其分别是由自我、内群体−外群体和特定个体所决定的，也就是说个人认同与社会认同分别代表了自我归类的不同层次，而以自我归类理论为视角来对其进行分析也不难得出此结论[①]。随后特纳便以个人认同和社会认同之间关系的研究为起点，结合其他既定假设，提出了一系列一般性假设：

自我归类中，个人水平显著性与社会水平显著性这二者常常具有反向变动的联系。约翰·特纳在其研究中反复强调，社会自我知觉（social self-perception）的变革是通过从人际到群际的独特连续体而产生演变的：其中一端强调特定的个体特征，即个体一方面要追求个人在群体内部认同的极限最高值，另一方面力求将可感知到的与其他内群体成员之间的若干差异性也适度地展现出来，因此在这一端其将自我知觉确定为特定的独特个人。而连续体的另一端则完全相反，其将自我知觉归类为内群体，通过不断强化内群体成员之间的相似性以及外群体成员之间的差异性，从而达到建立群体联系、弱化个体独特性的目的。而当连续体位于二者的中间地带时，个体不仅能够察觉出其与外群体成员之间的差异，其对于内群体之间的差异性也能具有一

---

① 资料来源：《中国经济导报》

定的知觉。经过对自我归类理论的研究发现，即便个体可将不同层次水平的自我归类同时进行，但由于"去个性化"和"个体特性化"分别位于连续体的两端，这就会导致当其在社会水平上的自我归类显著时，即最大化个人与内群成员之间的相似性，其在个人水平上的自我归类就变得很难凸显。除此之外，与个人认同与社会认同区分相关的研究还涉及一些相关的其他假设，如从实际来看群体行为主要依靠社会认同所提供的信息来进行行动，而非个人认同。接下来，研究将针对与群体行为相关的自我归类理论展开分析[①]。

（2）去个性化与群体行为

约翰·特纳在其研究中指出，群体归类的显著性可以通过提高内群体成员的集体相似性和一致性感知来实现，而集体相似性和一致性感知增强的关键在于有效地去个性化。类似的，其显著性也可以通过个体感知与外群体之间的差异性来达到提高的目的。然而值得注意的一点是，当一些影响内外群体归类显著性的因素，不仅能够影响个体可知觉到的与外群体成员的差异性，而且能够影响与内群体成员的一致性（等价性、相似性和可交换性）。即当这些因素被显著增强后，知觉一致性和差异性均会造成一定程度的提高。随后，约翰·特纳鉴于去个性化现象，提出了被认为是自我归因理论核心的第三假设，即群体现象（群体凝聚力、情绪的感染和移情、集体行动、合作和利他主义、种族中心主义、共同的规范和社会影响过程、社会刻板印象等）的基本过程均是由自我知觉的去个性化所决定的。也就是说，自我归类理论认为其产生是由于个体知觉的去个性化所引致的，在这期间，个体在自我抽象层次中的位置会从独特个体转变为社会类别中可被交换的典型，即其抽象层次会发生相应的转变。

同时，特纳也强调，为使自我知觉的功能在更包容的水平上依然能够适用，因此去个性化仅仅针对自我概念的性质和内容进行了一系列变更。故真正地去个性化是指个体完成从个人认同到社会认同的转变过程，而非指失去自我、失去特性，也并非指将自我埋没于群体之中，更非恢复到最原始的

---

① 资料来源：《中国人口与劳动问题报告No.2（2019）》

状态或者其他无任何意义的形式之中。其次，部分学者认为去个性化代表的是一种机制，机制内成员将社会的相似性和差异性作为准则，以此来制定措施、实施行动，由此也可以将去个性化看作为认同的所得。概括而言，自我分类理论在自我概念的理解和群体心理的研究等方面均具有重要的理论价值及实践意义。

3

新形态就业发展与职业认同现状调查分析

3.1 新形态就业现状分析

以平台经济、共享经济等为代表的新经济作为一种新的生产形式，已成为传统市场的重要补充，在劳动力资源配置中发挥着愈来愈重要的作用，推动产业链从低端走向高端。新经济对所在行业的数字化升级改造，催生出一批新就业形态，新兴职业种类在加速增长，新就业增长点不断涌现，持续释放就业潜力，与此同时，新就业模式正在潜移默化地影响着劳动者就业观念，随时随地的自主就业成为新风尚。

3.1.1 新形态就业主要特点

我国新形态就业呈现出多种类并存与大体量增长的显著特征，快速发展的同时问题频现。

（1）发展势头强劲，就业吸纳力强

在新经济赋能下，新形态就业展现出强大的就业机会创造力与就业吸纳能力。以共享经济劳动市场为例，2018年就有7.6亿人参与到其中，其中，提供服务的人数达到了7 500万，较2017年增加了7%左右[①]。仅共享经济一种新经济模式就创造了大量就业机会。

新经济中蕴含的高技术在产生劳动替代的同时也创造出新的劳动需求，学者们依靠定量分析工具评估两种相反作用力的大小。因数据长度受限，新

[①] 数据来源：《中国数字经济指数报告》和《中国共享经济发展年度报告》

数据正在不断产生中，可用的评估样本较少。研究结论倾向于，从长期发展来看，就业创造效应大于就业替代或挤压效应，新经济创造的现实与潜在就业机会大概率呈几何级数增长。随着新就业实践的不断发展，本研究将继续推进，以期得出更贴合新形态就业实际与发展趋势的分析结论。

（2）就业模式纷繁复杂，可持续发展性有待提高

新经济下催生的商业模式创新孕育了就业新模式。线上雇佣、平台兼职、流量变现、平台创业等新形态就业模式不断涌现。从目前发展现状来看，相当一部分新形态就业模式存在发展动力不强、寿命不长等问题。单纯复制模仿国外或其他标杆企业商业模式所匹配的就业模式不能完全适应我国国情，水土不服的后果是，模式初创时就业吸纳力强，模式消亡也快，昙花一现。

（3）标杆企业领衔创造大量就业岗位

与新技术、新理念伴生的新兴商业模式是催生新就业模式的核心动力之一。我国新经济发展的主力军以集团型大企业为主，比如阿里巴巴和滴滴等。据测算，2018年，阿里巴巴创造了超过4 000万个就业机会，滴滴出行2017年创造了超过2 000万个就业机会[①]。中小微企业也在积极创造生成新就业岗位，但数量偏少，尚未形成较为可观的就业吸纳规模。

3.1.2 新形态行业发展状况

随着新经济发展热点的不断变换，我国新形态就业的行业分布呈现快速变动趋势。2020年初暴发的新冠疫情这一负外部性扰动因素已导致新经济行业结构的重新洗牌，现结合已有数据进行分析，待最新数据出炉对现有分析结论予以更新。

（1）新形态行业规模

截止到2018年，新形态行业规模高达29 420亿元，较2017年增长41.6%，增长势头强劲。

---

① 数据来源：《中国数字经济指数报告》和《中国共享经济发展年度报告》

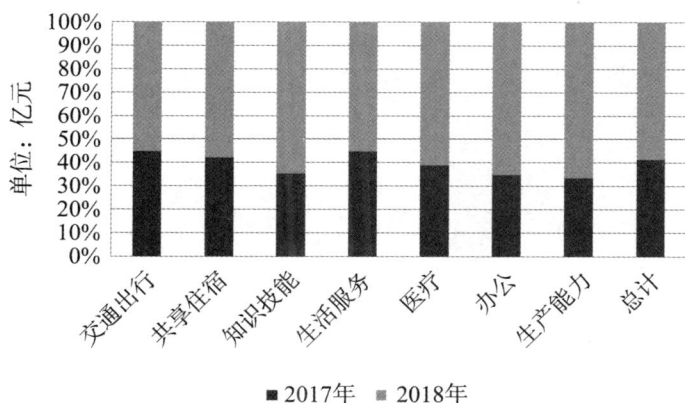

■2017年 ■2018年

图3-1 新形态就业行业规模情况①

2018年，生产能力、共享办公和知识技能三大行业规模的增长幅度高达97.5%、87.3%和70.3%。相较而言，共享住宿、交通出行和生活服务领域的增长速度远低于行业平均增长水平，分别为37.5%、23.3%和23.0%。增幅较大的三大行业多以信息、知识为媒介，契合当下知识经济、数字经济、云经济的蓬勃发展需求，信息交互成本的显著降低为这些行业的轻装上阵提供了更多可能。比如，疫情防控需要更便捷地在家处理文件、视频会议等居家远程办公形式，在线办公已呈现多元化暴发式发展态势。为避免聚集导致的传染风险，在线教育发展得如火如荼，覆盖了幼儿、小学、中学及高等教育，呈现暴发式增长。相比较之下，住宿、交通等相对传统的新形态，增长潜能在2016年、2017年释放较为充分，当下正值行业进一步细分与支撑技术调整阶段。

（2）新形态行业结构

截至2018年，生活服务、生产能力、交通出行三大行业的交易规模占据总规模的90%。其中，生活服务的市场交易额为15 894亿元，生产能力为8 236亿元，交通出行为2 478亿元。可见，生活服务行业在新形态行业总体中仍居主导地位，但所占份额较2017年显著下降，由2017年的62.2%下降到2018年的54%。

---

① 数据来源：《中国数字经济指数报告》和《中国共享经济发展年度报告》

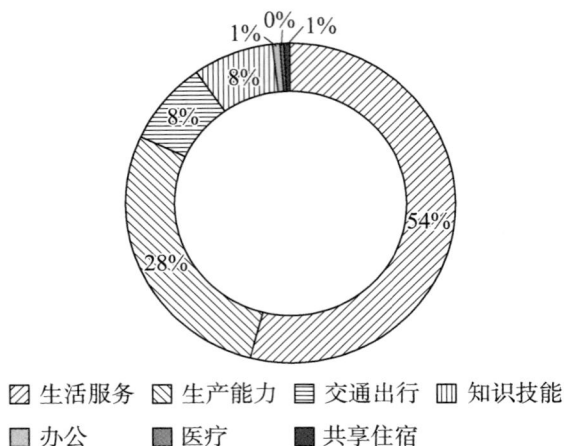

生活服务 生产能力 交通出行 知识技能

办公 医疗 共享住宿

图3-2 新形态就业行业结构情况[①]

新形态行业结构随着行业规模扩大而不断自发调整，高技术融合度逐步提高，对我国产业与行业结构优化调整大有裨益。生活服务的交易规模占据半壁江山，我国人口基数大，生活服务业与每个人息息相关。随着远程办公、便利生活的理念深入人心，生活服务新形态已获得长足发展良机。生产能力主要包括制造业、运输业和建筑业等传统行业的新变形，多通过服务与技术外包等形式纳入新经济领域，发展提速。

3.1.3 新形态就业者群体分析

随着新经济各行业的发展，就业平台服务的不断完善，就业机会如雨后春笋，不断涌现，年轻群体逐步成为新形态就业者主体。新形态就业者规模不断壮大，就业蓄水池效用得以充分发挥。诸多兼职员工出现专职化趋势，大量专职司机、骑手、主播等涌现。

（1）新形态就业者数量

2020年共享经济服务提供者约为8 400万人，比去年同期增长约7.7%。平台劳动者指以互联网平台为依托，参与到共享经济中的劳动者，是新形态就业者群体中的重要组成部分。新形态就业下，劳动者就业模式发生了翻天覆地的变化，对推动产业结构优化升级与消费转型升级的新动能作用日益凸显。

---

① 数据来源：《中国数字经济指数报告》和《中国共享经济发展年度报告》

《中国共享经济发展年度报告》显示，2020年共享住宿收入占全国住宿业客房收入的比重约为6.7%，在线外卖收入占全国餐饮业收入比重约为16.6%，网约车客运量占出租车总客运量的比重约为36.2%。当然，依据我国劳动就业的现有统计口径，尚无法精准核算新形态就业者总体数量，需要甄选确定新形态就业统计指标维度，逐步形成新形态就业数据库，以满足科学研究与政策制定的需要。

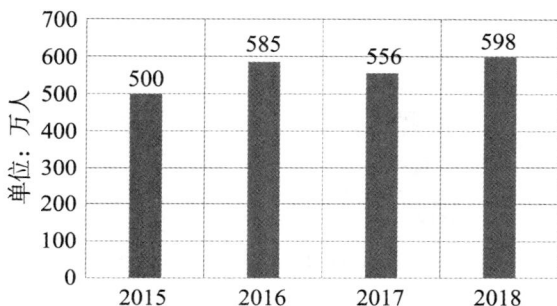

图3-3 平台劳动者数量[①]

新形态就业一方面成为当代年轻人自主创业、自主择业的重要途径，另一方面可为特定社会群体提供特殊就业渠道，为降低失业率发挥积极作用。在网约车劳动者中，约6.7%为贫困家庭人员，12.0%为退役军人，约四分之一的新形态就业报酬为家里的唯一收入来源。2018年，270万骑手在美团外卖获得收入，其中，77%来自农村，67万骑手来自贫困县[②]。

（2）新形态就业者结构

新形态就业者主要分布在四大领域：网约车、外卖、住宿和医疗。其中，网约车、外卖和医疗领域的劳动者数量远高于住宿领域，达到3亿以上。在出行领域，截止到2018年，网约车劳动者数量达到了3.5亿人，较2015年增长24.1%；在餐饮领域，在线外卖的劳动者数量约3.6亿人，比2015年增长了47.4%；在医疗领域，2018年参与共享医疗的劳动者数量由2015年1.5亿提高到3.2亿。如图3-4所示。

① 数据来源：国家信息中心、中商产业研究院。
② 《中国网约车新就业形态发展报告》，中国劳动和社会保障科学研究院，2019年1月。

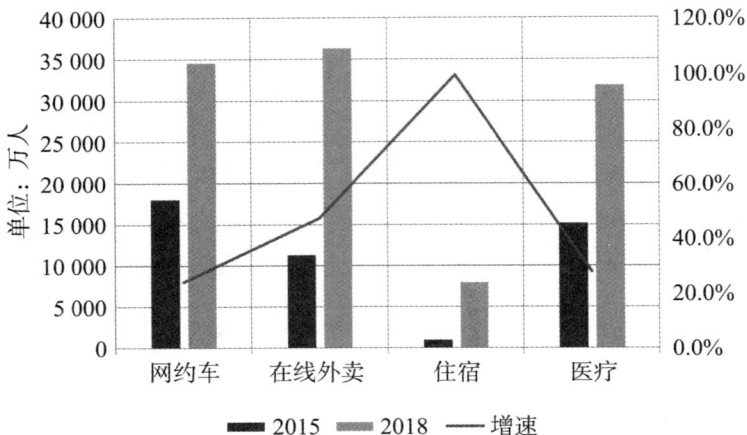

图3-4　新形态就业者结构[①]

新形态就业符合"创新、协调、绿色、开放、共享"的新发展理念，与传统就业相比，岗前及岗中培训时间较短，入行门槛不高，收益见效快，为学历较低及缺乏一技之长的劳动者提供了更多选择。由就业者的行业分布来看，住宿行业吸纳就业量的增速较快，成为突出就业增长点，可剖析盈利模式基础上进行劳动力、资本与技术的组合优化分析，深挖就业吸纳潜力。

3.2 新形态就业者职业认同调查分析

3.2.1 问卷调查与分析

3.2.1.1 研究设计

（1）研究工具与研究对象

测量新形态就业者的组织支持感、职业认同与工作重塑等变量之间的关系，本研究主要采用问卷调查法。Likert 5点计分方法是本量表所采用的方法，根据题项描述是否符合自身的真实情况为依据进行选择。另外，作为控制变量，本研究将新形态就业者性别、年龄、文化程度、工作年限和技能等级加入问卷。新形态就业中的新职业类型涌现较多，如密室剧本、密室音效、密室中

---

① 在线外卖、网约车用户数来自 CNNIC 发布的历年《中国互联网发展状况统计报告》；共享医疗和共享住宿用户数根据相关平台的数据估算。

控运营等岗位，又如观影顾问、版权购买师、"轰趴"管家、VR指导师、宠物烘焙师等新职业。本研究选择样本群体相对较大的网约车司机、外卖员、网络主播、互联网医疗、共享住宿、线上教育培训等职业类型进行研究。总体来看，调查对象来自美团外卖、滴滴出行、阿里电子商务平台、微商、Airbnb、猪八戒网、Upwork等企业，涵盖了中国部分新形态就业平台。

本研究问卷采用线上（问卷星）线下相结合方式发放，于2020年6月至2020年12月，累计共回收问卷1 007份，通过对无效问卷的筛选和删除后，得到有效问卷864份，有效回收率86%。

（2）信度效度检验

预调研发放问卷100份，回收后进行问卷的信度效度分析。总体的Cronbach's系数为0.792，大于临界值0.7，表示量表具有较高的内在一致性，KMO值为0.753，Bartlett的球形度检验的统计值的显著性概率是0.000，说明测量数据具有良好的结构效度。

3.2.1.2 描述性统计分析

（1）性别因素

有效调研样本中，男性与女性的分布较为均衡，男性占总人数比重为42.31%，女性占总人数比重为57.69%，较多于男性。

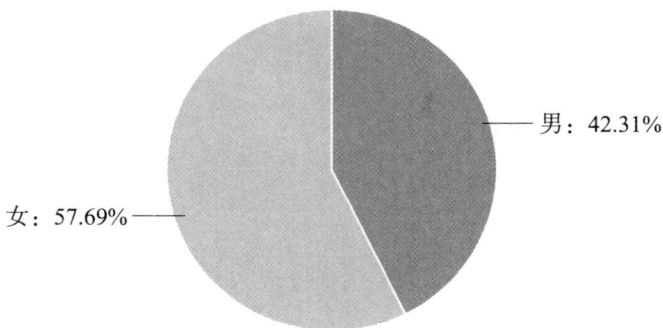

女：57.69%　男：42.31%

图3-5　性别分布图

（2）年龄因素

年龄主要聚集在21～30岁（共计309人）和31～40岁（共计168人）这两个区段，占比49.52%和26.92%；51～60岁人最少，仅有15人，占比2.4%。

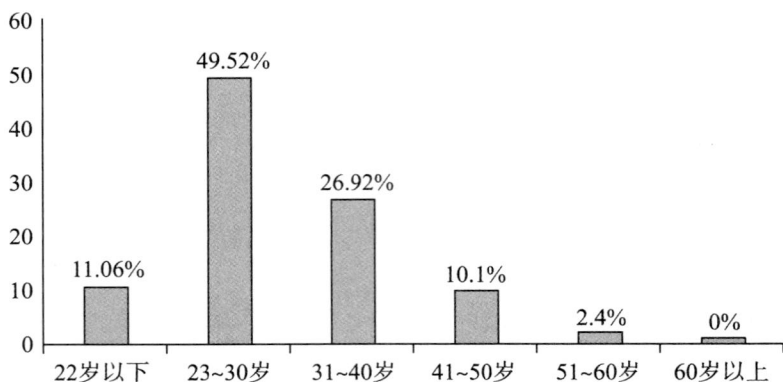

图3-6　年龄分布图

（3）从事新形态就业工作的相关年限

就工作年限而言，从事新形态就业相关职业年限8年以上的最少，仅有60人，占比9.62%，从事新形态就业相关职业年限不满一年人数最多，有216人，占比34.62。

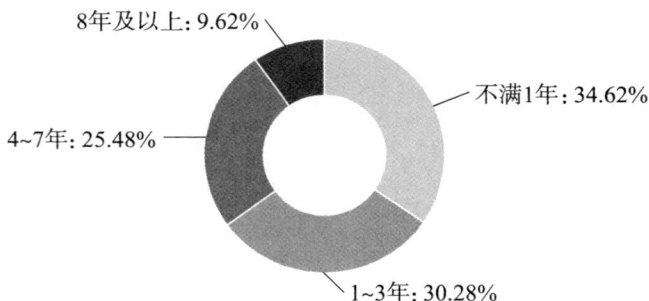

图3-7　工作年限分布图

（4）学历

样本选取的新形态就业者的文化程度以大专及本科居多，有276人，占比44.23%，高中、中专及以下的最少但仍占有一定比例，具体有129人，占比20.67%，研究生及以上占比35.10%。

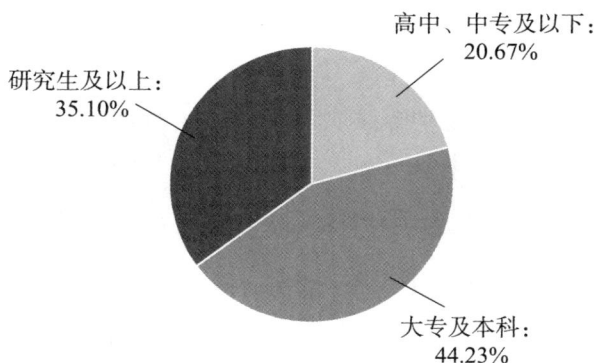

图3-8　学历分布图

（5）职业类型

就职业类型来看，除去其他，线上教育培训和外卖员占比较高，分别为13.46%和11.54%，其次是网约车司机，占比8.65%。网络主播、互联网医疗和共享住宿分别占比7.69%，7.69%和6.25%。

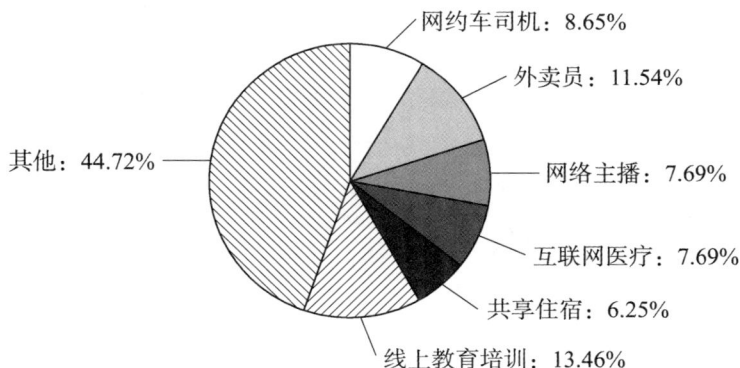

图3-9　职业类型分布图

从样本的基本情况来看，被试新形态就业者的各个指标的分布情况较好，这在一定程度上说明本研究调研样本与理论上的新形态就业实际情况较为贴合。另外，各个指标值分布较为广泛，这说明本研究的调研样本能够支撑起本书的研究，具有一定的代表性。

进一步分析，分别以性别、年龄和学历为类别进行单因素方差分析，结果如表3-1、表3-2、表3-3所列。由表3-1可知，以男女为类别分组的心里所有权这一变量均值差异在0.05水平上显著，男性组要高于女性组，而其他变量在性别分组上没有显著差异。如表3-2所列，以年龄为类别分组的变量中，组织支持感和职业认同在组内存在显著差异。具体表现为31～40岁组的组织支持感均值显著高于41～50岁组；职业认同方面，41～50岁组显著高于51～60岁组。在学历分组中，大专及本科组织支持感均值显著高于其他两种学历。单因素方差分析结果表明，各测量变量在不同类别上差异总体而言并不明显。

表3-1　以性别为类别的单因素方差分析

变量	类别	均值	标准差	F
组织支持感	男	4.222	0.872	0.003
	女	3.234	0.963	
工作重塑	男	2.234	1.467	1.463
	女	2.567	1.236	
职业认同	男	3.357	0.754	0.745
	女	3.379	0.863	
心理所有权	男	3.456	0.835	4.468*
	女	3.785	0.467	
工作满意度	男	3.357	0.586	0.024
	女	3.899	0.247	
离职倾向	男	3.356	0.754	1.625
	女	3.357	0.964	

注：*表示均值差的显著性水平为0.05。

表3-2　以年龄为类别的单因素方差分析

变量	编号	类别	均值	标准差	F
组织支持感	1	22以下	3.356	0.972	3.672*
	2	23～30	3.463	0.973	
	3	31～40	3.864	0.872	
	4	41～50	2.357	0.837	
	5	51～60	3.749	1.237	

续表

变量	编号	类别	均值	标准差	F
工作重塑	1	22以下	2.464	1.467	0.458
	2	23～30	2.674	1.754	
	3	31～40	2.785	1.864	
	4	41～50	2.368	1.895	
	5	51～60	2.483	1.235	
职业认同	1	22以下	3.924	0.893	3.192*
	2	23～30	3.654	0.902	
	3	31～40	3.875	0.780	
	4	41～50	3.935	0.578	
	5	51～60	3.468	0.929	
心理所有权	1	22以下	3.982	0.872	1.823
	2	23～30	3.352	0.834	
	3	31～40	3.364	0.824	
	4	41～50	2.863	0.235	
	5	51～60	3.724	1.024	
工作满意度	1	22以下	3.335	0.380	1.193
	2	23～30	3.643	0.932	
	3	31～40	3.645	0.434	
	4	41～50	3.345	0.923	
	5	51～60	3.722	1.924	
离职倾向	1	22以下	3.723	0.424	1.235
	2	23～30	3.357	0.577	
	3	31～40	3.873	0.237	
	4	41～50	3.695	0.586	
	5	51～60	3.257	0.798	

表3-3 以学历为类别的单因素方差分析

变量	编号	类别	均值	标准差	F
组织支持感	1	高中、中专及以下	3.234	0.326	3.463*
	2	大专及本科	3.564	1.679	
	3	研究生及以上	3.356	0.234	
工作重塑	1	高中、中专及以下	2.346	0.895	3.234*
	2	大专及本科	2.743	1.790	
	3	研究生及以上	2.764	1.347	
职业认同	1	高中、中专及以下	3.689	0.346	1.435
	2	大专及本科	3.234	0.896	
	3	研究生及以上	3.457	0.895	
心理所有权	1	高中、中专及以下	3.312	0.794	0.352
	2	大专及本科	3.480	0.673	
	3	研究生及以上	3.023	0.578	
工作满意度	1	高中、中专及以下	3.468	0.445	1.668
	2	大专及本科	3.347	0.790	
	3	研究生及以上	3.348	0.235	
离职倾向	1	高中、中专及以下	3.790	0.790	2.332
	2	大专及本科	3.346	0.235	
	3	研究生及以上	3.256	0.896	

3.2.1.3 效度与共同方法偏差检验

本研究利用AMOS24.0软件，采用验证性因子分析检验所研究各个变量之间的结构效度和区分效度。初步验证性因子分析后，以因子荷载0.6为界限，将组织支持感量表中的测项2和测项3进行了合并，同时删去了心理所有权的测项5和职业认同中的测项5。修正后模型因子载荷如表3-4所列，各测项的标准化负荷基本均在0.6以上，表明潜变量与各个测项的从属关系良好。

表3-4　潜变量因子载荷

潜变量	测项	标准化估计
组织支持感	测项1	0.923
	测项2+3	0.932
	测项4	0.742
	测项5	0.643
	测项6	0.633
工作重塑	测项1	0.743
	测项2	0.935
	测项3	0.752
	测项4	0.638
	测项5	0.832
职业认同	测项1	0.932
	测项2	0.823
	测项3	0.723
	测项4	0.932
	测项6	0.876
心理所有权	测项1	0.942
	测项2	0.732
	测项3	0.764
	测项4	0.669
工作满意度	测项1	0.923
	测项2	0.654
	测项3	0.632
	测项4	0.932
	测项5	0.732

潜变量	测项	标准化估计
离职倾向	测项1	0.732
	测项2	0.742
	测项3	0.945
	测项4	0.682

模型拟合优度指标如表3-5所列。尽管题项较多，但模型仍然呈现良好的拟合度。在此基础上，采用不可测量的潜方法因子效应控制方法来检验是否存在共同方法偏差，如表3-5所列，引入方法因子的新模型相比原六因子模型，仅CFI与TLI有0.01左右的提高，表明本研究不存在严重的共同方法偏差。

表3-5　研究变量的区分效度及共同方法偏差检验结果

模型	χ^2	DF	χ^2/DF	TLI	CFI	RMSEA	SRMR
六因子+方法因子模型	853.352	453	1.875	0.932	0.892	0.061	0.061
六因子模型	1 532.632	492	2.045	0.923	0.882	0.061	0.061
五因子模型	1 986.324	502	3.644	0.832	0.834	0.098	0.098
四因子模型	2 423.769	515	3.343	0.753	0.732	0.102	0.982
三因子模型	2 965.436	523	5.876	0.686	0.593	0.139	0.992
双因子模型	3 543.658	539	6.923	0.556	0.534	0.141	0.101
单因子模型	4 864.936	541	7.492	0.354	0.492	0.143	0.145

3.2.2 探索性访谈研究

（1）结构化访谈提纲设计

参考人力资源管理的相关理论，在导师的指导帮助下，本研究者设计了访谈提纲，注重主要包括组织支持感、离职倾向、职业认同等。

（2）结构化访谈实施

基于访谈计划，本研究选取50名访谈对象进行深度一对一访谈。使用录音笔记录，事后整理成文字访谈资料。在相互交流的过程中，本研究会进行有意识的引导和启发，使得被访谈者不至于偏题、跑题，从而提高访谈效率，获取有效信息。具体的访谈计划及访谈重点内容参见表3-6。

表3-6 职业访谈计划表

访谈场次	访谈时间	访谈对象	人数	重点访谈内容
第一场	2020.2.21	网约车司机	20	1.您在工作或生活中遇到困难时，单位会帮助你吗？
第二场	2020.4.5	外卖员	20	2.单位关心您的个人感受和职业发展吗？ 3.所在单位会为您提供工作所需的相关培训或其他支持吗？
第三场	2020.6.23	线上教育工作者	20	4.当您遇到困难时，同事会为您提供帮助吗？
第四场	2020.7.11	网络主播	20	5.您考虑过在五年内离开现在所在单位吗？ 6.您对现在的职业感到满意吗？
第五场	2020.12.25	共享住宿	20	7.你的家人如何看待你的职业？ 8.你对职业生涯有长期规划吗

由访谈结果可以发现：① 82%的网约车司机、93%的外卖员、95%的线上教育工作者、72%的网络主播以及69%的共享住宿表示在新形态就业过程中，公司支持尤为重要。就职于新职业面临的问题与困难较多，公司支持和所提供的相关培训等有助于使访谈对象获得更好的职业自信与成就感。② 访谈中发现，68%的网约车司机、78%的外卖员、87%的线上教育工作者、60%的网络主播以及87%的共享住宿均表示自己曾经有过离职倾向，未来五年内会考虑从事新工作。受访对象大多数表示，自身相关权益和利益得不到相应保障，导致萌生离职的想法。③ 关于工作满足感，当问及"您对现在的职业感到满意吗？"45%的受访者表示很满意，并且已经对所从事职业产生了感情，也觉得很有意义。35%的受访者对自己的职业不满意，极少数受访者表示非常不满意。

由以上访谈结果可知，组织支持感、离职倾向、工作满足感等是不同职业类型的新形态就业者关注度较高的变量，同时也是职业认同问题研究的近相关变量。以上结论为第4章和第5章的实证变量设计提供了重要导向与选择参考。本书第4、5和6章研究内容的设计思路：第4章和第5章分别针对职业认同的前因变量与后果变量展开分析，从而形成前因+后果的分析闭环。第6章从利益相关者视角出发，将参与职业认同的关键角色找出，辨析多方利益交织点与博弈环节，剖析利益联动多方在决策过程中的扰动机制。

4

员工组织支持感对职业认同的影响分析

——基于工作重塑行为的中介作用

新形态就业者所在组织不同于以往的传统组织，呈现平台化、松散化、数字化特征，在一定程度上导致影响职业认同的因素复杂而繁多。由深度访谈结果可知，组织支持感对新形态就业者的职业认同较具影响力，属于核心前因变量之一。可见，新形态就业者的职业认同感及归属感依旧离不开组织支持与激励。新形态就业者多就职于新职业，新职业的灵活性与可塑性较强，需要员工充分发挥主观能动性，进而引入工作重塑行为这一中介变量，探索可能存在的中介作用机制。鉴于此，本章尝试构建组织支持感、工作重塑行为与职业认同的理论模型，运用调研数据验证变量间关系，辨析新形态就业者职业认同的核心影响因素及其杂糅关系。

4.1 研究假设

4.1.1 组织支持感与职业认同

"员工–组织的互动关系"是组织行为学领域的重要研究问题。组织支持感，是一种员工的综合感知（Eisenberger等，1990）[112]，即组织是否重视员工对组织所做出的卓越贡献，以及组织是否关心员工在企业中所获得的薪酬和福利待遇等。组织支持感的概念可以从以上两个方面进行阐释：第一，员工总是期望组织能够认可自己的努力和贡献，因此组织是否重视员工的付出是组织支持感的要点之一；第二，员工总是期望组织能够为其提供情绪价值，因此组织在关注绩效的同时是否关注员工的个人心理健康和幸福感是组织支持感的另一个要点，即员工的"社会情感需求"在一定程度上需要组织有所行动来满足其需求。（Eisenberger等，1986）[113]社会交换理论和互惠原则是构成组织支持理论的重要基础。而社会交换理论和互惠原则也具备相关关系，"互惠"是社会交换理论的核心构想。互惠原则的本质是如果一方给予个体积极的正向的影响或者支持，会自然而然地产生相应的责任感以及需要进行回报的心理压力，相应地，个体自然会进行积极的回应和回报，这种态度和行为是由互惠原则引发的。员工和组织之间的互惠可以解释为，组织积极发掘、识别并满足员工的社会情感需求等，当员工感受到组织的支持时，会自然而然地产生想要回报组织的责任感以及必须进行回报的心理压力，因此个体也会在组织中积极的有所作为，提升认同感、工作满意度和组织绩效等。

职业认同是员工在工作中的自我概念。在通常情况下，人们依据他人评价，通过社会互动和集体价值、规范和标准的内化构建自我概念（Ashforth和Kreiner，1990）[114]。依据亨利·塔菲尔等人提出的社会认同理论，个体总是愿意选择积极的内容，在自我概念的建构中将积极作为目标之一。已有研究指出，职业认同受个体特征、组织因素和职业特征三类因素的影响。本书主要从组织因素层面来探讨职业认同的影响因素。在组织中，组织成员的评价和成员感受到的支持感会影响个体的认同感。如果员工在与组织成员的互动交流中能够获得积极评价，就会获得积极的职业认同感（Wrzesniewski和Dutton，2001）[115]。例如，当新形态就业者能够获得组织提供的资源支持和情绪支持，他们可以更好地完成工作任务、达成更高的工作绩效，获得主管与同事的正面评价，然后通过他们的自我觉知系统加工处理这些积极的社会信息，能够构建积极的职业认同感。

新形态就业具有雇佣关系弹性化、就业观念多元化、就业者市场风险扩大化等核心特质，因而新形态就业者的职业认同感不强。而职业认同会在很大程度上影响员工的潜在工作态度和行为方式。因此职业认同成为新形态工作领域的重要话题。组织支持理论指出组织给予成员的支持是组织成员认同其职业并为组织做出贡献的关键因素。这一理论为提升新形态就业者的职业认同感提供了思路。已有研究关注组织支持感和员工认同行为之间的关系，通过实证证明组织支持感与员工认同行为正相关（李锐等，2010）[116]。本研究预期，组织支持对职业认同具有正向影响作用，即新形态就业者感受到的组织对其关心、支持和尊重会促使员工构建积极的职业认同感。这是因为：其一，从工作资源和心理价值的提供角度看，员工因为组织支持而保持较为良好情绪，同时组织也能提供技术支持、设备支持、资金支持等实质性帮助，丰富的心理和物质资源促使员工实现工作目标（Karatepe，2015）[117]，进而给个体带来成长，实现自我价值并获得组织成员的积极评价，进而获得积极的职业认同感。其二，组织支持感意味着员工获得了组织的期望与认可，这有利于员工获得积极的情感体验，如愉悦、热情等，员工会对组织产生正面评价（张婕等，2016）[118]，从而促使员工获得积极的职业认同感。

基于上述讨论，提出以下假设：

假设1：组织支持正向影响新形态就业者的职业认同。

4.1.2 工作重塑的中介作用

随着新形态就业者职业认同研究的发展，不仅需要考察组织支持感对其职业认同有何影响，更重要的是需要进一步探讨组织支持感通过哪些近端因子，如何影响其职业认同感。本书认为，新形态就业者工作重塑行为可能是其中重要的中介变量。新经济形态重塑劳动关系和重塑工作性质的同时，员工工作重塑行为的重要性也更加突出。相比传统职业，新形态职业更具灵活性、可塑性、独立性和自主性，需要员工在工作过程中充分发挥主观能动性，在持续调整和不断整合中提高自身与工作的适配度，即进行工作重塑。

工作重塑是一种亲组织行为（胡睿玲、田喜洲，2015）[119]，关注人们在工作过程中的主观能动性，指的是工作者主动自发地重新定位、调整和重新认识与自身工作密切相关的人际关系、任务关联以及工作方式，以使工作与自身能力偏好相匹配，进而达到重新构建工作身份、获得工作意义的效果（Dutton，2001；胡睿玲、田喜洲，2015）[120]。工作重塑受到个人特质（杨勇等，2020）[121]、家庭因素（吕晓俊、李成彦，2020）[122]以及组织环境（田启涛，2018）[123]等因素的影响。另外，根据已有研究结果，工作重塑通常与积极的工作结果密切相关。工作重塑行为能够构建和提升员工的职业幸福感、意义感（蒙艺等，2020）[124]，显著预测员工的工作敬业程度（吕晓俊、李成彦，2020），促进员工创新行为（覃大嘉等，2020）[125]，并且在一定程度上能够降低员工的离职意愿，减少人才流失（苏益南等，2018）[126]。工作重塑是一种自下而上的员工主动性工作行为，在很大程度上弥补了以往工作形式一味上传下达的机械式工作的不足。因工作重塑行为对工作和组织结果具有如前所述的诸多益处，工作重塑行为在不同组织中，组织的不同层次、不同员工群体中受到广泛推崇与鼓励（Berg等人，2010）[127]，对于工作自由度较大、工作时间灵活、工作无明显边界感的新形态就业者来说，主动进行工作重塑的重要性尤其突出。

之所以将工作重塑作为新形态就业者组织支持感与职业认同关系中重要的中介变量，主要原因在于：一方面，新形态就业人员目前普遍缺乏职业培训，大多数新形态就业者主要依靠自我探索来夯实职业技巧，应对工作挑战，这需要员工付出巨大的时间和精力等内在资源。因此，来自组织的支持是新形态就业者非常珍贵和迫切需要的外部资源。根据工作要求–资源模型（JD-R模型）（Demerouti等，2001）[128]和资源保存理论（Hobfoll，2001）[129]，职业认同可能受工作要求以及工作资源的综合影响。在工作要求和工作资源彼此联系、相互作用的过程中，持续的高工作要求会逐渐消耗人们的内在资源和外在资源，若不能得到及时补充，则会导致职业倦怠，从而引发消极的工作与组织结果。就新形态就业领域而言，行业准入与行业退出门槛较低，从业人员在就业领域选择上极不稳定，流动性较强，缺乏组织支持很容易导致职业倦怠甚至离职现象。而工作资源的增加则会提高人们的工作投入，激发一系列积极的工作行为，同时也为员工进行主动的工作调整行为创造条件。组织支持感对新形态就业者来说是关键的支持性因素，是在职工已有资源基础上供给或扩展外在资源的主要工具（Hobfoll等，1990）[130]。组织支持作为一种重要的环境资源和社会资本，有利于营造支持性的工作环境与工作氛围，为员工主动进行工作上的调整和改变提供机会和空间（Leana等，2009）[131]。此外，已有研究成果为本研究提出的理论模型提供了支持。赵小云和李福华（2019）[132]的研究表明，外部环境和组织因素对中小学教职工工作重塑行为的影响的确不可忽视，支持型的组织氛围正向影响员工工作态度与工作重塑行为，并且工作重塑行为有利于个人职业生涯发展，有利于帮助教职工提升自身职业成功的主观感受。另外，Bakker等人（2012）[133]的研究也表明，员工感知外部支持，如社会支持、领导支持等，是促进员工工作重塑行为的重要条件。鉴于此，本研究认为新形态从业人员感知组织支持也能有效促进其主动进行积极的工作重塑行为。基于上述分析，本研究认为作为重要的外在资源，组织支持感有助于新形态就业者突破原有的工作范式，主动自发地调整工作内容、工作形式、工作关系等，为其进行工作重塑行为创造了条件。因此，本研究做出如下假设：

假设2：组织支持感正向影响新形态就业者工作重塑行为。

之所以将工作重塑作为新形态就业者组织支持感与职业认同关系中重要的中介变量，另一个重要的原因在于，诸多研究研究表明，工作重塑行为常常与较高的工作满意度、良好的工作绩效以及职业成功等积极的工作结果密切相关（Daniels等，2013）[134]，被证实是员工获得工作意义感和个体成长的新途径（赵小云、郭成，2014）[135]。而职业认同是员工在工作范畴上对自我身份的认同，体现着员工工作意义感，见证着员工在工作中的成长轨迹。根据社会认同理论，人们普遍期望积极正向的自我概念。在工作范畴中，人们也渴望建立积极的自我概念。新形态就业发展态势迅猛，就业群体庞大，但是新形态就业实践远远超过理论体系的构建研究和政策保障措施的制定完善，因此，在新形态就业大环境亟待进一步改善的大背景下，调动新形态从业人员的内在动力机制，依靠内在力量来提升职业认同是必要且可行的。Wrzesniewski和Dutton（2001）对工作重塑的理论研究认为，工作重塑的主要效应有两个：第一，工作重塑调整工作环境以及工作本身，有利于重构职工的工作意义感；第二，通过工作重塑行为，员工能将工作与自身能力偏好更好地匹配从而提升职业认同感[136]。此外，Fuller和Unwin（2017）[137]一项针对英国医院护工职业认同的研究表明，护工打破原本工作描述的桎梏主动进行工作重塑行为，能够增强自尊，形成新的职业价值观。蒙艺等人（2020）认为工作重塑行为有助于社会工作者强化工作意义感进而提升对职业的认可度，并且这一路径最终能提高工作敬业度。也就是说，面对复杂灵活的工作安排，新形态就业者可以通过主动的工作重塑行为，对工作要求和工作资源进行自发改变与调整，使其适合个人能力和需要。以工作重塑的形式从工作中获得价值感和身份认同的同时塑造工作意义感，因此也会对自身职业更加认同。

基于此，本研究提出如下假设：

假设3：工作重塑行为正向影响新形态就业者职业认同。

进一步来说，一方面，根据资源保存理论，组织支持感作为新形态就业者迫切需要且关键的支持性外在资源，能够大大降低其因缺乏职业培训和专业技能而自我耗损的程度，为员工主动进行工作调整行为创造条件，提供机会和空间，使其有余力，有动机进行工作重塑行为，总之，组织支持感是影响新形态就业者工作重塑的重要因素。另一方面，工作重塑是员工对工作要求和工作资源进行的自发性改变，使工作适合个人能力和需要（Tims等，2010）[138]，对新形态就业者的重要性尤为突出，是影响员工职业认同的关键因素。鉴于此，新形态从业人员感知组织支持感可能通过工作重塑间接对其职业认同感起作用。也就是说，在组织支持这一外在资源的激励和吸引下，新形态就业者能够通过工作重塑行为提高职业认同感，进一步实现资源的螺旋上升，实现资源的积累。基于上述分析，本研究认为，新形态就业者组织支持感不仅能够直接影响其职业认同，而且新形态就业者组织支持感可以通过工作重塑行为间接提升其职业认同。因此，结合假设2与假设3，本研究进一步提出如下假设：

假设4：新形态就业者工作重塑行为在其组织支持感和职业认同的关系中起中介作用。

综上所述，根据"工作要求–资源"模型（JD–R模型）和资源保存理论，结合以上理论分析与已有研究结果，本研究提出如下几个研究假设，并将其整合为一个中介模型。理论模型如图4–1所示。其中，假设1主要考察新形态就业者组织支持感对其职业认同究竟有何种影响，即直接效应的作用方向与效应大小；假设2主要探索新形态就业者组织支持感对其工作重塑有无积极影响；假设3主要分析新形态就业者积极的工作重塑行为是否对其职业认同产生正向影响；假设4是对假设2与假设3的综合考察，深入探讨新形态就业者组织支持感是否能够通过工作重塑行为进一步作用于其职业认同，即探索工作重塑在新形态就业者组织支持感和职业认同之间的中介作用。探索这些问题具有一定价值。在理论方面，有助于深化新形态就业者职业认同影响机制研究，丰富新形态就业者研究领域，拓展职业认同相关研究成果。在实践方面，有助于探寻新形态就业者职业认同近端并且可控的影响因子，切实提升新形态就业者职业认同，减少职业倦怠，激发工作活力。

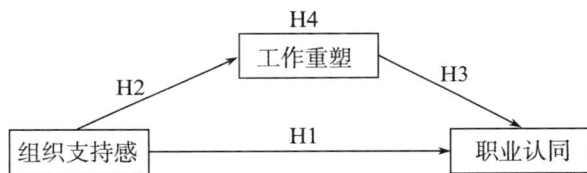

图4-1 理论模型

4.2 研究设计

4.2.1 研究工具

本研究采用调研问卷的形式收集研究数据，为了保证研究的严谨性和科学性，本研究严格遵守调研问卷设计编写的各项相关原则。首先，本研究所使用的所有测量题项，均选自或借鉴各领域权威量表，均在中国文化情境下得到有效性验证。英文量表均采用翻译与回译程序（Brislin，1970）[139]，保证所有题项具有较好的跨文化稳定性和良好的信效度。其次，保证各个变量的测量题项表述准确清晰，尽力避免容易引起歧义的词句或模棱两可的表达方式。再次，为了保证参与调研者问卷填写的便利性，所有题项均采用选择题形式。最后，明确此次问卷调研的匿名性和保密性，说明问卷收集数据的目的仅用于学术研究。

本研究最终的调研问卷结构如下：① 问卷指导与说明；② 人口统计学变量，即调研问卷的第一部分，旨在收集调查对象的各项基本信息；③ 理论模型中各个变量的测量，即调研问卷的第二部分，旨在收集调查对象关于组织支持感、工作重塑以及职业认同的信息情况。本研究所有的测量题项，除第一部分基本信息外，均采用李克特五级量表形式，评分分为五个等级，不同等级依次代表题项所描述的情形与自身实际情况符合程度逐渐提高。

（1）人口统计学变量

本研究调研问卷的人口统计学变量主要包括参与者的性别、年龄、教育情况、婚姻状况、从事新形态就业相关职业的年限、所在的行业领域、职业类型等基本信息。以往有研究表明，职业认同受到个体年龄（Hirschy等，2015）[140]、工作时间（方明军和毛晋平，2008）[141]以及教育背景因素的影响（蔡嫦娟，2004）[142]，因此，本研究的控制变量包括调研对象的年龄（22岁以下、23～30岁、31～40岁、41～50岁、51～60岁、60岁以上），从事新形态就业相关职业的年限（不满1年、1～3年、4～7年、8年及以上）、教育背景（高中、中专及以下、大专及本科、研究生及以上）。在对上述个体特征变量进行控制的基础上，探究核心变量即组织支持感以及工作重塑行为对新形态从业人员职业认同的影响，以及工作重塑行为的中介效应。

（2）职业认同

职业认同感是本研究最为核心的变量，新形态就业者职业认同感的测量题项，最初来源于Tyler和Mccallum（1998）[143]所编制的原始量表，后由蔡嫦娟（2004）基于中国情境改编并翻译，修正后的量表更加符合中国文化情境，在中国情境下已经得到广泛的应用，目前已作为基础量表被改编并运用到不同职业群体职业认同的测量当中，且大量的研究表明该量表具有良好的信效度。例如，洪娜（2007）[144]采用该量表探讨了空乘人员这一职业群体的职业认同问题；郭腾飞和田艳辉（2014）[145]使用该量表测量了知识性员工这一群体的职业认同感；蔡特金（2020）[146]使用该量表研究了新员工这一工作群体的职业认同问题。综合考量，本研究最终选择该量表为基础量表，综合考虑新形态就业者工作性质、职业特征以及访谈问卷的结果，以确定最终适合本研究的新形态从业人员职业认同测量题项。其中，代表性题目为"我现在从事的工作内容与我的期望相符合"。

（3）工作重塑

对于工作重塑的测量，本研究采用Tims等人（2012）[147]编制的成熟量表，该量表基于"工作要求-资源模型"提出，符合本研究所提出理论模型的逻辑，因此本研究选取该量表测量新形态就业者的工作重塑行为。该量表具有良好的区分性、操作性以及良好的信效度，被普遍运用在国内外关于工作重塑的研究当中，大量的研究也表明该量表在中国文化情境下依然得到有效运用。综上所述，本研究采用该量表作为新形态就业者工作重塑的测量工具。其中经典题项为"我尝试减少来自工作的心理压力"。

（4）组织支持感

对于新形态从业人员组织支持感的测量，本研究采用Eisenberger等人（1986）[148]提出的单维度量表。该量表原始题目数量较多，后来陆续有学者对该量表进行了优化，对该量表进行了精简和整合，形成了更加有效简洁的组织支持感量表，该量表被证实具有良好的有效性及信度和效度，后被广泛应用于各职业群体的组织支持感研究当中。本研究为保证研究的科学性、便利性、提高调研的准确性、有效性，采用在原始量表的基础上学者优化后的简短版量表，其中典型的题目如"如果有合适的机会，公司会让我充分发挥优势"。

4.2.2 数据来源

（1）调查对象

本研究主要关注新形态就业者的工作重塑、组织支持感与职业认同三个变量之间的关系。这三个变量是组织行为学理论的相关变量。调查对象明晰，即新形态就业行业中的从业者。调查对象选择新形态平台企业的就业者，主要来自阿里巴巴、微商、滴滴出行、美团外卖、Airbnb、猪八戒网、Upwork等平台企业。

（2）数据收集

问卷的收集采用现场纸质问卷、邮件电子问卷和问卷星线上问卷等方式进行。多种方式共同进行的优势是能够提高问卷质量和收集的效率。其中，纸质问卷主要委托平台企业人力资源管理部门对目标样本进行定向发放，电子问卷主要通过电子邮件、问卷星等方式进行收集。数据采集对象是上述平台企业的就业者，问卷发放工作分两个时间段进行。在第一阶段，发放用于测量人口统计学变量和组织支持感的调查问卷1 300份，剔除无效问卷。有5个以上题项未作答的问卷被视为无效问卷；问卷答案全部相同的问卷被视为无效问卷；明显与实际情况不相符或前后题项作答有明显矛盾的问卷被视为无效问卷。回收有效问卷1 007份，有效回收率77%。2个月后，向有效回答的1 007名员工发放自我报告问卷，问卷包含中介变量工作重塑和因变量职业认同。剔除乱答、漏答、前后回答明显矛盾的无效问卷143份，总计收回有效问卷864份，回收率86%。

4.3 实证分析

4.3.1 共同方法偏差检验

共同方法偏差又被称为系统性误差，它是由多方面的原因导致的预测源和效标变量之间的人为共变。这些原因主要包括数据来源相同、调查者和被调查者的特征、量表测量条目在不同国家语境中的适应性以及量表中测量条目本身的个人特征等。共同方法偏差会对研究结果造成混淆和误导，因此在研究中需要排除共同方法偏差的问题。尽管共同方法偏差在许多社会学研究领域中普遍存在，但是在由问卷调查方法为主导的研究是尤为普遍。共同方法偏差的检验有多种统计方法能够进行，而本研究采用的是单因素检验法。单因素检验法的原理是，通过探索性因子分析，方法变异存在的前提条件是，大部分变量的变异能够被单一公因子或者某一公因子解释。单因素检验法的检验步骤是，将所有量表中的题项进行探索性因子分析，得出没有进行正交旋转的因子分析的结果。判断存在严重的共同方法偏差的理由是，只提取单一公因子或者某一个公因子的解释力度超过50%，那么就可以认定存在共同方法偏差。

对总量表进行共同方法偏差检验。采用主成分分析法，职业认同、工作重塑、组织支持感3个量表共15个题项，检验结果如表4-1所列。由表中数据可知，在没有进行正交旋转之前，提取出的特征值大于1的公因子个数为2，其中，第一个主成分因子能够解释的变异量为40.394%，很明显，40.394% ＜50%。

表4-1　量表测度题目的探索性因子分析结果

成分	初始特征值			提取载荷平方和		
	总计	方差百分比	累积%	总计	方差百分比	累积%
1	6.059	40.394	40.394	6.059	40.394	40.394
2	2.633	17.556	57.95	2.633	17.556	57.95
3	0.918	6.119	64.069			
4	0.711	4.743	68.812			
5	0.604	4.025	72.837			
6	0.585	3.901	76.738			
7	0.58	3.865	80.603			
8	0.488	3.251	83.853			
9	0.45	3.003	86.856			
10	0.428	2.854	89.71			
11	0.393	2.617	92.327			
12	0.368	2.452	94.779			
13	0.304	2.029	96.808			
14	0.287	1.914	98.722			
15	0.192	1.278	100			

　　为了进一步排除共同方法偏差的问题，采用AMOS软件对不可测量的潜方法因子效应控制方法来检验是否存在共同方法偏差。具体操作方法是引入一个方法因子作为模型全局因子，构建包含方法因子的模型，将该模型拟合指标与原模型指标对比，若没有明显变好，则表明研究不存在严重的共同方法偏差。如表4-2所列，引入方法因子的新模型相比原三因子模型，相差不大，表明本研究不存在严重的共同方法偏差。[1][2]

---

　　① 汤丹丹，温忠麟.共同方法偏差检验：问题与建议［J］.心理科学，2020，43（01）：215-223.

　　② 杨明，温忠麟，陈宇帅.职业胜任力在工作要求-资源模型中的调节和中介作用［J］.心理科学，2017，40（4）：822-829.

表4-2　研究变量的区分效度及共同方法偏差检验结果

模型	χ^2	DF	χ^2/DF	TLI	CFI	RMSEA	SRMR
三因子+方法因子模型	843.651	422	1.675	0.962	0.877	0.062	0.061
三因子模型	2 352.414	542	3.782	0.624	0.603	0.141	0.987
双因子模型	3 562.436	563	4.236	0.544	0.538	0.153	0.121
单因子模型	4 762.642	572	5.433	0.452	0.431	0.168	0.133

4.3.2 信度分析

　　问卷在设计、收集等过程中，会受到各种各样的因素的影响，可能会出现实际调查的结果与预期调查目标产生偏差的情况，这会导致这个潜在变量失去意义。

　　因此，需要对问卷进行信度和效度分析，以保证实际调查结果能够真实地反映预期目标。

　　检验数据的可靠性和有效性需要用到信度和效度。因此，在正式的数据分析之前，需要对本研究的变量进行信度和效度分析，即以下三个变量：组织支持感、工作重塑以及职业认同。这三个变量已有成熟量表，且这些成熟的量表已经具有较好的信度和效度，但是由于调研对象不一致，因此对本研究中的量表进行信度和效度检验是十分必要的。

　　864份问卷数据均用于信度检验。数据整体信度根据Cronbach's α系数判断。当Cronbach's α值大于0.7，则表示量表信度良好（Hair等，1998）[149]。除了信度需要测量，CITC值也需要进行检验来表明相关性。CITC值表示的是单个题项与同个量表内其他题项之间的相关性，CITC值代表的是相关系数。根据吴明隆等[150]的研究，CITC值需要高于0.4。若低于0.4，可结合"题项删除后的α值"判断这个题项是否要删除。若大于整体的α值，那就应该删除这个题项。本研究将对组织支持感、职业认同、工作重塑变量进行检验，以判断各个量表的信度。

（1）组织支持感量表的信度分析

表4-3　组织支持感量表信度分析（$N＝864$）

变量	测量题项	CITC	删除该题项后的α值	Cronbach's α
组织支持感	19	0.763	0.863	0.892
	20	0.683	0.881	
	21	0.745	0.867	
	22	0.707	0.876	
	23	0.787	0.857	

由表4-3可知，组织支持感的α值为0.892，高于0.8，因此可得组织支持感这个变量的内部一致性较好。其中，CITC值如表所示。可以看出这5个条目的CITC值为0.683～0.787，大于最低标准0.4，因此条目与其他题项总和之间的相关呈现高度关系，因此无须删除题项。可以采用此量表进行进一步的数据分析。

（2）职业认同量表的信度分析

表4-4　职业认同量表信度分析（$N＝864$）

变量	测量题项	CITC	删除该题项后的α值	Cronbach's α
职业认同	9	0.665	0.776	0.824
	10	0.593	0.796	
	11	0.571	0.802	
	12	0.617	0.789	
	13	0.644	0.781	

由表4-4可知，职业认同的α值为0.824，高于0.8，因此可得职业认同这个变量的内部一致性较好，信度较佳。CITC值为0.571～0.665，CITC值高于0.4，因此可以说明测量条目和其他题项总和之间高度相关，所以这5个题项均不需要删除。可以采用此量表进行进一步的数据分析。

（3）工作重塑量表的信度分析

表4-5　工作重塑量表信度分析（N＝864）

变量	测量题项	CITC	删除该题项后的α值	Cronbach's α
工作重塑	14	0.678	0.803	0.843
	15	0.592	0.826	
	16	0.656	0.808	
	17	0.601	0.823	
	18	0.717	0.791	

工作重塑的信度分析结果如表所示。由上表结果可知，工作重塑量表的α值为0.843，在0.8以上，因此工作重塑量表的内部一致性较好。5个测量题项的CITC测量值处于0.592～0.717，大于最低标准0.4，测量条目其他题项总和的相关呈现高度关系，因此无须删除题项。可以采用此量表进行进一步数据分析。

4.3.3 效度分析

效度主要分析包含结构效度、聚敛效度和区分效度三方面检验。首先，本研究利用AMOS软件对数据进行了验证性因子分析（CFA），以确保数据符合实证检验的标准。即结构效度以三因子模型为基准模型，构建出二因子模型和单因子模型作为对照模型，进而比较各个模型间的拟合度指标数值，确定基准模型是否符合本研究所需；其次，聚敛效度的检验通过变量平均方差萃取量AVE以及组合信度CR计算完成；最后，在聚敛效度的基础上，比较各潜变量之间的相关性系数绝对值是否均小于所对应的AVE的平方根来验证区分效度。若以上三种效度的分析结果均达到预期，则说明模型可以展开下一步研究。

表4-6　结构效度分析结果

	χ^2/DF	GFI	AGFI	CFI	RMSEA
三因子模型（组织支持感，工作重塑，职业认同）	2.055	0.925	0.896	0.956	0.061

续表

	χ^2/DF	GFI	AGFI	CFI	RMSEA
二因子模型（组织认同感+工作重塑，职业认同）	8.678	0.639	0.513	0.672	0.164
二因子模型（组织认同感，工作重塑+职业认同）	3.637	0.847	0.794	0.887	0.096
单因子模型（组织认同感+工作重塑+职业认同）	9.772	0.591	0.455	0.621	0.175

由表4-6可知，整体模型的χ^2/DF值为2.055，符合该值应介于1～3之间的标准，适配度较高；GFI值为0.925，符合大于0.9临界值的标准，适配度良好；AGFI值为0.896，略微低于0.9，适配可接受；CFI值为0.956，大于临界值0.9，适配度良好；RMSEA＝0.061，小于临界值0.08，配适度理想。另外，由上表可知，相较于二因子模型和单因子模型，三因子模型拟合度最优。因此，综合来看本书所构建出的组织支持感，工作重塑和组织认同之间的关系模型具有良好的结构效度。

表4-7　收敛效度分析结果

路径			Estimate	AVE	CR
组织支持感1	<---	组织支持感	0.804	0.626	0.893
组织支持感2	<---	组织支持感	0.729		
组织支持感3	<---	组织支持感	0.807		
组织支持感4	<---	组织支持感	0.755		
组织支持感5	<---	组织支持感	0.855		
工作重塑1	<---	工作重塑	0.754	0.5215	0.844
工作重塑2	<---	工作重塑	0.642		
工作重塑3	<---	工作重塑	0.736		
工作重塑4	<---	工作重塑	0.660		
工作重塑5	<---	工作重塑	0.806		

续表

路径			Estimate	AVE	CR
职业认同1	<---	职业认同	0.740	0.486	0.8251
职业认同2	<---	职业认同	0.661		
职业认同3	<---	职业认同	0.657		
职业认同4	<---	职业认同	0.708		
职业认同5	<---	职业认同	0.716		

表4-7呈现出组织支持感、工作重塑和组织认同三个潜变量对应测量题目的标准化因子载荷均大于0.6，表明各个潜变量所属题项的因子载荷值都在可接受范围内，测量题项具有很高的代表性；各个潜变量的平均方差萃取量AVE接近或高于0.5，组合信度CR均大于0.8，说明模型的收敛效度较为理想。

表4-8　区分效度分析结果

	组织支持感	工作重塑	职业认同
组织支持感	0.791		
工作重塑	0.223**	0.722	
职业认同	0.512**	0.632**	0.697

注：**$P<0.01$；对角线显示的数值为AVE的平方根

由表4-8可知，组织支持感、工作重塑和职业认同三者之间均具有显著的相关性（$P<0.01$），同时三个潜变量的平均方差萃取量AVE的平方根均高于变量间的相关性，这表明，各潜变量之间的区分效度较为理想。

4.3.4 相关性分析

本研究借助SPSS进行变量间的相关性分析，同时表4-8还显示了各变量的均值、标准差以及相关系数。由表可知，组织支持感与年龄呈显著正相关（$r=0.145$，$p<0.05$）；工作重塑和工龄呈显著正相关（$r=0.156$，$p<0.01$）；各个变量均与学历呈正相关关系，但不显著。组织支持感与工作重塑呈显著正相关（$r=0.223$，$p<0.01$）；组织支持感与职业认同呈正相关关系（$r=0.512$，$p<0.01$）；员工工作重塑感和职业认同呈显著正相关（$r=0.632$，$p<0.01$）。

以上结果分析初步验证了本研究提出的假设。

表4-9　主要变量的相关性分析结果

	M	SD	年龄	工龄	学历	职业认同	工作重塑	组织支持感
年龄	2.530	0.944	1					
工龄	2.240	0.919	0.655**	1				
学历	1.990	0.788	−0.154**	−0.195**	1			
职业认同	3.751	0.619	0.029	0.109	0.011	1		
工作重塑	3.725	0.661	0.073	0.156**	0.031	0.632**	1	
组织支持感	3.585	0.749	0.145*	0.033	0.033	0.512**	0.223**	1

注：**$P<0.01$；*$P<0.05$

4.3.5 假设检验

为了检验本研究提出的三个假设，首先，借助软件SPSS 19，采取Hayes等人（2012）[151]共同编写的SPSS宏中Model 4中介模型，在控制新形态从业人员年龄、从事新形态职业时间以及教育背景的基础上检验新形态就业者工作重塑行为在其组织支持感与职业认同关系中的中介效应、组织支持感对其工作重塑行为和职业认同的直接效应以及工作重塑行为对职业认同的直接效应。检验结果如表4-10和表4-11所列。从表4-10可以看出，新形态就业者组织支持感对其职业认同的预测作用是正向且显著的（$\beta=0.439\ 2$，$t=10.470\ 3$，$p<0.001$）。当加入工作重塑这一中介变量以后，新形态从业人员组织支持感对其职业认同的直接预测作用依然是显著的（$\beta=0.338\ 2$，$t=9,903\ 2$，$p<0.001$），因此，本研究假设1，即新形态就业者组织支持感正向影响其职业认同假设成立。新形态从业人员工作重塑行为对其职业认同感的直接预测作用是正向且显著的（$\beta=0.201\ 2$，$t=3.937\ 3$，$p<0.001$）。据此，本研究假设2，即组织支持感正向影响新形态就业者工作重塑行为假设成立。同时，新形态从业人员工作重塑对其职业认同的直接预测作用也是正向且显著的（$\beta=0.501\ 9$，$t=12.971\ 4$，$p<0.001$），因此，本研究假设3，即工作重塑行为正向影响新形态就业者职业认同假设成立。此外，由表4-11可以看出，工作重塑中介

效应95%置信区间的上下限不包含0，所以本研究的假设4，即新形态就业者工作重塑行为在其组织支持感和职业认同的关系中起中介作用假设成立，其中介效应为0.101 0（0.201 2×0.501 9）。新形态从业人员组织支持感对其职业认同的直接效应、工作重塑行为在上述关系中的中介作用，两者bootstrap 95%置信区间上下限不包含0，因此新形态就业者的组织支持感不仅能够直接预测其职业认同感，并且能通过工作重塑行为间接作用于其职业认同。总效应、新形态从业人员组织支持感对其职业认同的直接效应、工作重塑行为在组织支持感与职业认同关系中的中介效应如表4-11所示，其中，该直接效应（0.338 2）占总效应（0.439 2）的77%，工作重塑的中介效应占总效应（0.439 2）的23%。

表4-10 工作重塑的中介模型检验

结果变量	职业认同			职业认同			工作重塑		
预测变量	系数β	t	p	系数β	t	p	系数β	t	p
年龄	−0.089 3*	−2.550 6	0.011 3	−0.123 4**	−2.801 7	0.005 4	−0.067 9	−1.265 9	0.206 6
工作时间	0.065 2	1.798 7	0.073 1	0.145 4**	3.225 1	0.001 4	0.159 7**	2.908 5	0.003 9
教育背景	−0.016 9	−0.530 9	0.595 9	0.005 0	0.123 6	0.901 7	0.043 6	0.891 7	0.373 3
组织支持	0.338 2***	9.903 2	0.000 0	0.439 2***	10.470 3	0.000 0	0.201 2***	3.937 3	0.000 1
工作重塑	0.501 9***	12.971 4	0.000 0						
R^2	0.555 7			0.290 7			0.079 9		
F	70.551 9***			28.991 3***			6.140 3***		

表4-11 总效应、直接效应与中介效应分解表

	效应值	Boot标准误	Boot CI下限	Boot CI上限	相对效应值
总效应	0.439 2	0.041 9	0.356 6	0.521 8	
直接效应	0.338 2	0.034 2	0.271 0	0.405 5	77%
工作重塑的中介效应	0.101 0	0.036 7	0.032 2	0.177 1	23%

注：Boot标准误为通过偏差矫正的百分位Bootstrap法估计间接效应标准误差、Boot CI上下限为95%置信区间上下限

本研究在文献阅读和理论分析的基础上建立了理论模型，确定了研究假设。除了利用SPSS宏中Model 4中介模型来检验研究假设，本研究还使用AMOS软件绘制出组织支持感、工作重塑以及职业认同的结构方程模型，其中，潜变量用椭圆表示，观察变量用矩形表示，残差变量用小椭圆表示，结构方程模型如图4-2所示。

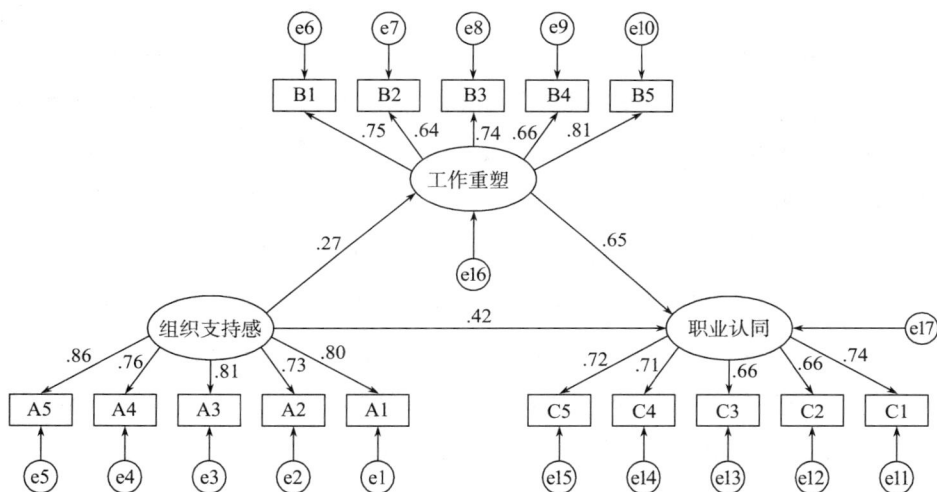

图4-2 结构方程模型

本研究选取χ^2/df、RMSEA、SRMR、CFI以及TLI五个核心指标来检验该模型的拟合优度，其中，χ^2/df应介于1～3之间，RMSEA、SRMR应小于0.08，CFI、TLI应大于0.9。该模型的各项拟合指标如表4-12所列，可见，该模型拟合良好。通过利用结构方程模型进行路径分析，再次验证本研究提出的假设。路径分析结果如表4-13所示。

表4-12 模型拟合指标

χ^2/df	RMSEA	SRMR	CFI	TLI
2.0551	0.060 6	0.044 2	0.95 6	0.946 9

表4-13　路径检验

	非标准化系数	标准化系数	P
组织支持感→职业认同	0.335 1***	0.419 4***	<0.001
组织支持感→工作重塑	0.224 3***	0.265 9***	<0.001
工作重塑→职业认同	0.614 7***	0.649 0***	<0.001
组织支持感→工作重塑→职业认同	0.137 9**	0.172 6**	<0.01

由表4-13可知，组织支持对工作重塑（$\beta=0.265\ 9$，$p<0.001$）和职业认同（$\beta=0.419\ 4$，$p<0.001$）的直接效应是正向且显著的，工作重塑对职业认同的直接效应（$\beta=0.649\ 0$，$p<0.001$）也是正向且显著的。另外，组织支持感通过工作重塑行为影响职业认同的中介效应是正向的（$\beta=0.172\ 6$，$p<0.01$），而且中介路径95%置信区间的下限和上限并不包含0（[0.049 1，0.244 3]），因此，新形态从业人员工作重塑在其组织支持感和职业认同关系间的中介效应显著。综上所述，两种检验方法均表明，新形态就业者感知组织支持和工作重塑行为对其职业认同有显著的正向预测作用，并且组织支持感有助于新形态就业者进行积极主动的工作重塑行为，组织支持感还可以通过工作重塑行为间接作用于其职业认同。

4.4 结果讨论

本研究以新形态就业为背景，着眼于新形态从业人员的职业认同研究，探索了新形态就业者组织支持感如何影响其职业认同，并以工作重塑行为作为中介变量，探讨了新形态就业者感知组织支持与职业认同关系中工作重塑的中介作用。通过问卷调研收集数据对以上假设进行了实证检验。

4.4.1 关于主效应的讨论

研究结论表明，新形态从业人员感知组织支持对其职业认同具有显著的正向预测作用。组织支持体现着组织对员工贡献的重视程度以及组织对员工福利待遇的关注，在员工与组织的交互作用过程中形成员工对组织支持的综合性感知，即组织支持感。组织支持感常被视为组成员工工作动力和职业幸福感的重要因素，对员工职业认同起着关键性作用，这在以往关于不同职业群体的职业认同研究中也可以得到印证。例如，王钢等人（2018）[152]以幼儿教师为研究对象，基于资源保存理论视角，提出组织支持感对于工作者具有核心价值，并通过实证研究验证了对幼儿教师而言，组织支持感可以作为保护性因素，强化其职业认同并提升职业幸福感。又如郭守峰（2019）[153]以公安民警作为研究对象，通过实证研究证明了组织支持感能够显著提升公安民警这一职业群体的职业认同感，进而降低其职业倦怠。对于新形态从业人员来说，因该领域实践远超出理论研究和制度保障，从业人员普遍缺乏专门职业培训和技能训练，很大程度上依靠自我探索来应对工作要求。因此，对新形态就业者来说，组织支持是迫切需要的外在资源。本研究实证结论表明，对于新形态从业人员这一职业群体，其组织支持感仍然对职业认同具有显著的正向预测作用，可见，新形态从业人员的职业认同感及归属感依旧离不开组织的支持与激励。

4.4.2 关于工作重塑行为中介作用的讨论

新形态职业对劳动关系和工作性质的重塑，倒逼新形态从业人员对工作方式、内容以及工作–人际关系的重塑。本研究引入工作重塑行为作为中介变量，结果表明，工作重塑行为在新形态从业人员组织支持感与职业认同关系中存在中介作用。这意味着新形态从业人员的组织支持感不仅能够直接影响其职业认同，还可以通过积极的工作重塑行为间接提升其职业认同。研究表明，工作重塑是一种自下而上的员工主动性工作行为，在很大程度弥补了传统工作设计自上而下工作方式的不足。而新形态就业具有雇佣关系弹性化、就业观念多元化、就业者市场风险扩大化、工作方式灵活多样化等核心特质，更加需要员工主动地调整工作形式与内容以使自身能力偏好与工作相匹配，因此，工作重塑行为对新形态从业人员的重要性不言而喻。本研究通过实证检验进一步证实了工作重塑的中介作用。一方面，作为重要的外在资源，组织支持感有助于新形态就业者突破原有的工作范式，主动自发地调整工作内容、工作形式、工作关系等，为其进行工作重塑行为创造条件、机会和空间。另一方面，新形态就业者又可以通过主动的工作重塑行为，对工作要求和工作资源进行自发改变与调整，使其适合个人能力和需要，通过工作重塑的形式从工作中获得价值感、塑造工作意义感，进而提升职业认同。通过挖掘新形态就业者自身内在动力机制和工作潜力来提升职业认同，在该行业领域社会保障体系不完善的大背景下具有重要意义。

5

职业认同对离职倾向的影响分析

——基于工作满意度中介作用与心理所有权调节作用

数字经济背景下，数字技术为新形态就业模式的优化发展注入了新动力，新形态就业显著区别于传统就业形态，具有鲜明特征与辨识标志。新形态就业背景下，员工的工作地点、劳动时间相对分散，与传统就业形式相比，员工与企业的关系发生了实质性改变，组织边界逐渐弱化，去组织化特征明显，同一劳动者可在不同平台或不同行业实现兼职就业，新形态就业者职业认同感缺乏与离职率偏高现象日益凸显。员工的人力资本的价值及替换有价值员工的成本使得平台企业尤为重视员工离职问题。

虽然离职倾向并不意味着员工实际的离职行为，但离职倾向是研究员工离职现象的一个关键前因变量。随着社会节奏的加快，新形态就业者面临的就业环境不确定因素更加复杂，就业压力源更加多元，新形态就业者难以适应新环境的工作要求，容易产生离职的想法或者选择直接离职。因此，提高新形态就业者的黏性，需要从新形态就业员工特质出发，对这类群体的离职影响因素进行研究，得出其离职倾向的主要原因。职业认同被定义为职业价值观的内化、对职业的认同和对职业的心理统一。正如Hong（2010）所描述的，职业认同是理解个体职业和职业决策的重要因素。新形态就业作为一种新的就业形式，在劳动者法律保障问题、合法权益问题等方面的举措尚不完善，提高员工对新形态就业概念的理解，增强员工对新职业的认同度将会减少员工消极工作情绪。因此，新形态就业者职业认同与离职倾向的关系是迫切值得研究的问题。职业认同的缺乏会加速情绪资源的损耗，降低员工工作满意度，产生消极怠工行为，进而产生离职的想法。职业认同是员工离职倾向最直接的预测变量。目前，对职业认同与离职倾向的研究主要集中在高校教师、医务人员等群体。鲜有关于新形态就业者职业认同的相关研究。因此，本章通过提供新形态就业者的职业认同与心理所有权、工作满意度、离职倾向之间关系的实证证据，深刻解析职业认同导致的离职后果及关键桥梁变量之间关系。

5.1 研究假设

5.1.1 职业认同与离职倾向

离职倾向被定义为员工对特定职业或组织条件的消极心理反应，而有意离开组织的意愿与心理活动的集合，是反映员工离职行为最直接的前因变量（马跃如，2014）[154]。离职倾向是指个体对其工作环境、工作情境的不满，而产生想要离开企业的心理倾向，员工离职倾向仅仅是员工对当下工作的一种情感、态度，并不等同于员工离职行为。员工进入企业后，企业文化及管理会与员工的意见进行互动。如果两者不能达到协调和平衡，个人的感情和经验就会导致个人与企业分离的危机。这个过程最终导致员工离开企业。具有强烈离职倾向的员工，会积极寻求新的工作机会与更好的发展空间，甚至因寻求新的工作岗位而产生消极怠工行为（李志，2020）[155]。近年来，随着数字经济的繁荣发展，新就业形态就业容量大成为吸纳就业的重要渠道。但新就业形态存在短板，例如劳动关系待明晰、社会保障待完善、平台监管有欠缺，导致新形态就业者离职倾向较高。

职业认同是指清晰地认识和确认自身所从事职业的目标、能力、个人兴趣、个人价值与社会价值，是用具体特定工作条件对某个职业群体的特征进行描述。国内外学者已对职业认同展开了深入研究，虞力宏等[156]基于体育教师研究视域，阐明了教师行业职业认同的三个层面。尚伟伟等（2020）[157]基于幼儿园教师短缺的现实背景，从理论和实证两方面验证了职业认同对离职倾向的影响效应。贺建清和唐林仁（2020）[158]从幼儿园教师职业背景，将职业认同划分为五个维度，运用结构方程模型探究幼儿园教师职业认同与离职倾向间的互动关系。魏淑华[159]（2008）认为职业认同赋予员工积极的心理影响，有助于改善工作倦怠，从而降低员工离职倾向。较高的职业认同感赋予新形态就业者职业使命感、更好地激发员工自身的主观能动性，补充岗位所需的知识储备，赋予员工从事工作的能量和能力，提升员工工作绩效，降低离职倾向。此外，当员工的职业认同感较强时，员工认为自己的工作能够创造价值，由于外部力量赋权及自身感知的职业成就，其工作的投入和满意度也会更高，离职倾向会越低；否则，当职业认同较低时，雇员会在合适的机会出现时考虑离开现有的工作。目前，新就业形态已经逐渐发展成为社会生活中不可或缺的一部分，这使得从业者们的职业认同感越来越强。只有强化新形态就业者身份认同，才能规范新形态行业健康发展，补齐新形态就业者权益保障的短板。

以往的研究基于不同的行业背景，依据行业就业者特征，探究职业认同对员工离职倾向的影响。大学教师的职业认同可以帮助他们克服对工作条件的不满，提高他们的工作满意度，降低他们的离职意愿。基于资源保护理论，探讨酒店员工职业认同、敬业度与离职倾向之间的关系。徐静岚（2019）[160]研究发现新入职护士只有认可自身职业，才能体会到职业的价值，在尚未形成稳定的职业价值观和职业认同时，更容易产生离职倾向。李志等（2020）[161]聚焦基层公务员群体，细分职业认同的三个维度，分别探究其对离职倾向的影响效应。徐道稳（2017）[162]以社会工作者为研究样本，针对社工大量流失问题，从职业流动角度实证检验了职业认同对业内与业外离职倾向的影响机制。陈立等（2017）[163]立足特教教师群体，探究就业者职业认同与离职倾向间的作用机制。张斌等（2017）[164]基于改编的职业认同量表，细分护士类别，探究护士职业认同对离职倾向的预测作用。

就业者职业认同与离职倾向存在互动关系，员工职业认同作为重要的内在心理指标，可促进员工提升工作中的获得感，激励员工职业认同感的增强，进而降低员工的离职倾向。此外，当员工对自己从事工作认同感较高时，会从工作中获得较高的满足感。总之，职业认同的缺乏会加速情绪资源的损耗，降低员工工作满意度，产生消极怠工行为，进而产生离职的想法。新形态就业作为新经济下催生孕育的就业新模式，新形态就业者职业认同与离职倾向间是否同样呈现出负相关关系？据此，提出以下假设：

H1：新形态就业者的职业认同与离职倾向呈显著负相关关系。

5.1.2 工作满足感的中介作用

工作满足感是员工个人对自身当前工作状态的反映，是其对自身目前办公场所在生理以及心理上的某种状态。目前专家通过大量的实证研究充分验证了职业认同与工作满足感存在较为显著的正相关关系，职业认同的提升可以提升工作满足感；同时，工作满足感的提升对职业认同的提升也具有非常重要的意义。Ashforth（1989）[165]研究发现，工作满足感变化时，会令员工自身的职业认同产生某种波动；Mobley等学者（1977）[166]在研究中发现，职业认同可以分为三个部分，分别是情感认同、规范认同、持续认同，这三个方面会相互作用，交叉影响；严玉梅（2008）[167]对湖南省高等职业院校的老师进行调查，分析他们职业认同和工作满足感之间的关系，发现二者之间呈现正相关关系；夏天（2015）[168]将职业认同划分为认识、价值观、理念、感觉四个方面，这四个因素作为其构成维度同工作满足感的各个方面存在统计学领域上存在某种相关性。史瑞娟等（2018）[169]研究发现职业认同度越高，员工的工作满意度就会越高，工作满足感是指行为主体由于其自身工作经历而产生的某种情绪状态，是在评估工作或工作经历时产生的某种愉悦的心理情绪。唐佳益和王雁（2020）[170]发现员工的职业认同感与其工作满意度呈现正相关关系，当员工的职业认同感较高时，他们便会对当前的工作感到满意，会投入更多的工作热情，许多内部方面可以作为激励因素去进一步增强职工教师的工作满足感，调动其工作积极性，职业认同感在这其中是影响力最强的因素之一，对工作满足感产生影响。新就业形态的出现让一些劳动者不再追求"铁饭碗"式的工作，更愿意从事灵活性、自主性高的工作，这加强了新形态就业者工作满足感。

国内研究同时聚焦于员工的工作满足感与员工的离职倾向之间存在的关系。张玉琴和南钢（2020）[171]在研究教师离职倾向影响因素中发现，工作是否令人满意会导致其内心情绪产生波动，重点考察了老师的职业生涯规划能力对其离职的影响及工作满意度的中介效应。王琪如和谭晓东（2020）[172]在研究医务人员工作中指出，工作倦怠会使得医务人员工作满意度下降，进而出现员工辞职现象。职业倦怠与工作满意度二者之间呈现反向关系，工作满意度在职业倦怠影响员工离职意向过程中起到了中介效应作用。王尧骏和吴云枭（2020）[173]研究了高校辅导员的离职倾向，离职倾向是指员工在组织中工作一段时间后选择离开现有组织的一种心理状态，人际环境、工资报酬、家庭与工作间的冲突会对高校辅导员的离职倾向产生直接的影响，并且都是通过工作满意度来进行影响，人际环境差，所得到的工资报酬较低以及家庭和工作矛盾尖锐都会导致工作满足感的下降，然后使得离职现象出现。李佳丽（2013）[174]通过研究发现，当员工的工作薪酬满意度大幅度降低时，易降低其工作积极性，导致工作人员出现离职现象。赖丽娟（2016）[175]通过实证分析，发现员工对其工作是否感到满意决定其是否离职的重要因素。王汉斌和杨晓璐（2011）[176]认为工作满意度和企业组织承诺是影响员工离职的两大因素，员工的工作满意度越高，组织所做出的承诺及时履行，越不易出现离职现象；徐冰霞（2013）[177]研究结论发现，高素质职工的年龄对其工资薪酬、办公环境、规章条例等的影响较弱，工作安全以及条件会对离职倾向产生负向影响，当工作条件较差，安全程度低时会进一步增强员工的离职意愿。

现有研究关于工作满足感、职业认同对员工离职倾向影响的文献已取得丰硕成果，但研究深度未实现较深层次的发掘，将工作满足感作为中介变量进行研究的资料较少，仅仅是单方面研究工作满足与离职倾向或职业认同与离职倾向的关系，并未将三者联系起来。因此本书在总结文献的基础上，提出员工的工作满意度在职业认同影响员工的离职倾向中发挥作用，随着就业计划详细度的提高，员工的职业地位会越明确，其对自己的职业生涯道路越清晰，工作满意度就越高，越不容易出现辞职现象。职工是否对其现有的工作感到满足，实际上是受到多方面的影响，包括薪资待遇、个人精力等，除此之外还会受到个人所处岗位的职责任务、工作的内容以及其办公环境的影响。同时这几种因素都与组织有着密切的关系，根据社会交换理论和组织支持理论，企业员工不仅会和整个组织整体存在交换关系，而且在利益上会存在互惠关系，有鉴于此，企业组织必须坚持以人为本的理念，提高员工的工资，改善其工作环境，增强员工的工作满足感，才会促使员工付出更多的努力。据此，提出以下假设。

H2：工作满足感在员工职业认同与员工离职倾向之间起中介作用。

5.1.3 心理所有权的调节作用

现有观点认为，企业中的每个员工都有自己最为基本的需求，例如自发需求、技术水平需求、心里归属感等，这些都是职工本身所具备的需求，当员工这些需求得到满足后就会大幅度激发员工的工作积极性，提升其行为动机，促使其行为产生。组织行为学理论体系中包含着心理所有权这个概念，其含义是指某人对自己所拥有目标的感知状态。心里所有权是人们自发的感知，具有波动性。在心理所有权知识体系下，员工这种自发的感觉都发源于职工自身的工作经历，例如对人生的规划、自我控制力、工作投入等（Pierce 等，2001，2017；Van Dyne 和 Pierce，2004）。除此之外，心理所有权能够满足企业职工的某些基本需求（Pierce 等，2017）。首先，心理所有权可以增强人们对自身目标的控制感。然后，心理所有权有可以帮助企业职工获得同事、上司的认可与赞扬。第三，心理所有权会让人获得心理生理上的安全感，进而调动人们的工作积极性。根据 Pierce（2001）对心理所有权的认知，心理所有权是指其对目标之间的主观联系，这种主观联系会使得本人与目标之间产生某种感觉。因此，员工的心理所有权会促使员工和企业融为一体，调动其积极性，激发其工作热情。自我决定理论认为，当员工有用高度的心理所有权时，会加强其与组织之间的联系，进而增强其归属感，更加积极的组织企业的创新活动，实现创新目标，付出更多的热情以及努力去实现任务，并且在保证能顺利实现组织目标之后，还会更主动的想方设法提高企业绩效，承担更多的责任（刘善仕等，2016），进而减少离职倾向。新就业形态将分散的灵活就业组织起来，相比较传统的灵活就业，其更有组织性、更为规范，在收入水平、工作条件、工作稳定性等方面更有优势，这在一定程度上赋予新形态就业者高心理所有权。可见，高心理所有权的员工较少出现离职倾向，心理所有权会提升企业员工归属感与认同感进而降低员工离职倾向。

现有学者既研究心理所有权所起到的中介作用，同时也对心理所有权的调节作用展开了研究。杜鹏程等（2018）和韦祎（2018）对心理所有权在工作积极性和创新性中的作用进行了研究，研究结果表明，心理所有权高的人可以更积极地为组织工作，激发创新行为；杜鹏程等（2018）研究表明，当交错学习为中介变量时，职工的心理所有权提升时，其工作会更加积极，更容易激发其创新力和创新行为。王智宁等（2018）对团队和职工创造力创新力之间的关系开展了研究，并对员工的工作积极性和员工创造力之间的关系进行了进一步论证，发现工作心理所有权会对其产生正向调节影响。心理所有权会调动员工工作积极性，增强其主体意识，逐渐与组织融为一体，降低员工的离职意愿。黄海艳和陈松（2009）通过对国内十余所企业进行调查，试图进一步论证心里所有权与员工离职之间的关系。研究结果显示员工的心里所有权与其离职意愿之间存在负相关关系，即企业职工的心理所有权越强，就不会出现辞职现象。储小平和盛琼芳（2009）通过研究进一步论证心理所有权与员工离职意愿之间的关系，并且提出企业要及时进行战略变革，调动职工积极性，让普通员工参与到企业变革中，可以进一步增强其对企业的心理所有权。朱晓伶（2010）对心里所有权的调节作用进行了研究，并且通过构造包含结构与环境变量的数学模型，论证晋升机会、社会舆论、家庭因素、薪酬分配可以对员工的离职意愿产生进一步影响，心理所有权可以对结构化与环境变量对离职倾向所产生的影响进行调节。闫国平（2011）通过对各地区的知识员工进行调查，对员工心理所有权与员工离职意愿之间的关系进行了探讨，结果发现，职工的心理所有权越高，他们就越不会出现辞职现象。心理所有权包含三个方面，分别是自我认同、归属感、自我效能，这三个方面会在不同程度上影响员工的离职意愿，通过对心理所有权进行差异性分析后发现员工的心理所有权会受到变量的影响而随之改变。李锡元等（2012）到对组织管理人员离职倾向开展研究，发现管理人员手中所持有的股票会对离职倾向产生某种程度的影响，并且此种影响时通过心里所有权发生作用。吴蕾（2013）开展研究发现心理所有权会对员工离职意愿产生负向调节作用。基于上述分析，本研究提出以下假设：

H3：心理所有权负向调节新形态就业者职业认同和离职倾向之间的关系。

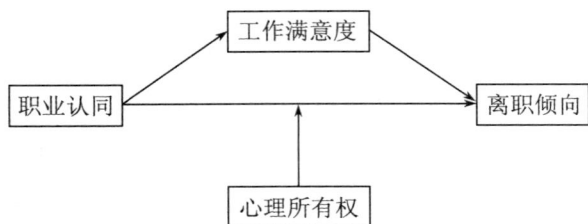

图5-1　理论模型

5.2 职业认同对离职倾向影响的实证分析

5.2.1 研究工具

借鉴国内外已有的成熟量表，编制问卷并收集新形态就业者基本信息以及理论研究相关变量等数据。本研究采用调研问卷的形式收集研究数据，所使用的所有测量题项，均选自各领域成熟且权威的量表，且均在中国文化情境下得到有效性验证。为了保证研究的严谨性和科学性，本研究严格遵守调研问卷设计编写的各项相关原则。通过回译的方式，结合新形态平台企业就业者的研究背景，多次讨论和修改，尽力避免容易引起歧义的词句或模棱两可的表达方式，形成了符合中国人思维习惯的中文量表，确保各题项通俗易懂。

（1）心理所有权

心理所有权包括自我效能感、归属感、自我认同和责任感四个维度。关于心理所有权的测度，本研究为保证研究的科学性、便利性、提高调研的准确性、有效性，借鉴Chi与Avey等（2009）开发的量表，对该量表进行了精简和整合，共设计四个题项，包括"我对公司有很强的拥有感""在这家公司工作的大多数人都觉得自己拥有这家公司"等。心理所有权量表采用李克特5点计分法。

（2）工作满意度

Minnesota开发的量表，从工作的不同部分提取体现工作满意度的关键因素，测量新形态就业者的工作满意度。该量表具有良好的区分性、操作性以及良好的信效度，运用在国内外关于工作满意度的研究当中，大量的研究也表明该量表在中国文化情境下依然得到有效运用。综上所述，本研究采用该量表作为新形态就业者工作满意度的测量工具。

（3）离职倾向

学者已从不同的视角和研究情景，对员工离职倾向进行研究，关于离职倾向的测量也有所差异。本研究借鉴了Wayne（1997）开发的量表，大部分工作情境下的离职倾向的测量都由该量表完成，目前已被运用到不同的职业群体当中，大量的研究表明该量表具有良好的信效度。该量表共设计四个题项，包括"一旦我能找到更好的工作，我就会离开现在的公司""我正在寻找新的工作"等。离职倾向量表采用李克特5点计分法。

5.2.2 数据来源

（1）调查对象

本研究主要关注新形态就业者的职业认同、离职倾向与工作满足感三个变量之间的关系。调查对象为平台型就业者（主要包括数字文化平台，交通出行平台，外卖服务平台等）。

（2）数据收集

数据收集主要采用线上（问卷星、电子邮件和微信等）、线下纸质问卷等方式。纸质版问卷主要依托新形态就业平台企业人力资源管理部门对目标样本进行定向发放。

（3）问卷筛选

本部分累计回收调研问卷1 007份，剔除无效问卷（问卷答案全部相同，5个题项未作答，线上问卷作答IP地址相同，有明显矛盾的问卷等）后，筛选问卷，共计回收有效问卷864份，回收率86%。

5.2.3 信效度分析

（1）信度分析

本研究使用克隆巴赫α系数检验问卷各变量以及总体信度，结果显示α系数值均大于0.6的临界值（表5-1），表明"职业认同""心理所有权""工作满意度""离职倾向"各量表及总量表内部一致性较高，可以接受。因此无须删除题项，可以采用此量表进行进一步的数据分析。

表5-1　信度分析（$N=864$）

变量	题项	克隆巴赫α系数
职业认同	5	0.746
心理所有权	4	0.818
工作满意度	5	0.606
离职倾向	4	0.720
总量表	17	0.757

（2）效度分析

对研究变量"职业认同""心理所有权""工作满意度""离职倾向"进行区分效度检验，以说明变量间是否具有良好的区分效度。结果表明，4因子模型（"职业认同""心理所有权""工作满意度""离职倾向"）拟合度良好并优于其他备选模型，说明变量区分效度较好。

表5-2　验证性因子分析与共同方法偏差检验

模型	χ^2/df	RMSEA	CFI	TLI	SRMR
单因子模型	3.72	0.091	0.798	0.760	0.074
双因子模型	3.45	0.088	0.812	0.803	0.069
三因子模型	2.89	0.071	0.857	0.846	0.064
四因子模型	1.89	0.053	0.917	0.904	0.057

　　注：单因子模型为"职业认同+心理所有权+工作满意度+离职倾向"；双因子模型为"职业认同+心理所有权""工作满意度+离职倾向"；三因子模型为"职业认同+心理所有权""工作满意度""离职倾向"；四因子模型为"职业认同""心理所有权""工作满意度""离职倾向"。

（3）同源偏差检验

为避免共同方法偏差对研究结果造成影响，本研究在程序上通过题项乱序、匿名调查等保护受访者的匿名性、减小受访者对测量目的的猜度，以及平衡项目的顺序效应控制共同方法偏差。其次对调查结果进行Harman单因素检验，抽取的单因子方程贡献率为26.945%，低于30%门槛值，且不超过总方差（70.26%）的一半，表明所获得的数据同源偏差在可接受范围内。

利用Podsafoff等（2003）建议的非可测潜在共同因子法进一步对共同方法偏差进行检验，在CFA基础上构建包含共同方法偏差潜变量因子的结构方程模型，然后与上述四因子模型进行对比，判断各指标是否由于四因子模型。结果表明，得到包含共同方法偏差潜在变量因子的四因子模型整体拟合指标为$\chi^2//df=1.684$，RMSEA＝0.051，CFI＝0.922，TLI＝0.912，SRMR＝0.055，且RMSEA、CFI、TLI、SRMR变动值不超过0.03，可认定不存在同源偏差。

5.2.4 相关性分析

本研究在分析新形态就业者职业认同对离职倾向的影响机制，在进行层级回归之前，需要对有关变量进行相关性分析，检验变量是否存在显著相关关系。如表5-3所列，关键自变量新形态就业者职业认同与离职倾向存在显著负相关关系（$\rho=-0.573$，$P<0.01$）；心理所有权与离职倾向的相关系数通过了5%显著性检验，系数为负（$\rho=-0.614$，$P<0.05$）；工作满意度与离职倾向的相关系数通过了1%的显著性检验，系数为负（$\rho=-0.479$，$P<0.01$）。综上，"职业认同""心理所有权""工作满意度"及"离职倾向"之间存在显著的相关性。因此，可进一步通过层级回归检验新形态就业者职业认同对离职倾向的影响机制。

表5-3　变量相关性检验

变量	1	2	3	4	5	6	7	8
1性别	1							
2婚姻状况	0.039	1						

变量	1	2	3	4	5	6	7	8
3年龄	0.018	0.191*	1					
4新形态就业年限	−0.034	0.016	0.190	1				
5教育水平	−0.087*	0.114**	0.235**	0.337***	1			
6职业认同	−0.110	−0.143	0.104*	0.230*	0.204*	1		
7心理所有权	0.053	0.096	0.043	0.205*	0.761**	0.589***	1	
8工作满足感	0.045	0.127	0.168*	0.079	0.647***	0.483*	0.393*	1
9离职倾向	0.131**	0.097	−0.139**	0.032	−0.499***	−0.573**	−0.614**	−0.479***

5.2.5 假设检验

为解析新形态就业者职业认同对离职倾向的影响机制，本节拟运用层级回归（Hierarchical Regression），依据温忠麟等人（2004）提出的中介效应检验方法，分别对中介变量工作满意度与因变量离职倾向进行回归分析，验证员工工作满意度在新形态就业者职业认同与离职倾向之间的中介作用，以及心理所有权在职业认同与离职倾向之间的调节作用。中介变量工作满意度的回归结果与因变量离职倾向、因变量离职倾向的回归结果如表5-4所列：

表5-4　中介效应层级回归结果

变量		工作满意度		离职倾向				
		模型1	模型2	模型3	模型4	模型5	模型6	模型7
控制变量	性别	−0.032	−0.067	−0.040*	0.033	0.085	0.102	0.074
	婚姻状况	0.043	0.061	0.039	0.111	0.129*	0.084	0.103
	年龄	0.109	0.074*	0.082	0.144	0.136	0.077	0.038**
	新形态就业年限	−0.224**	0.017	0.283	0.103	0.124	−0.183	−0.155
	教育水平	0.301*	0.211	0.180	0.204	0.099	0.205	0.171
自变量	职业认同		0.447***		−0.421***		−0.602***	−0.608***
中介变量	工作满意度					−0.436**	−0.553***	

变量		工作满意度		离职倾向				
		模型1	模型2	模型3	模型4	模型5	模型6	模型7
调节变量	心理所有权							−0.412***
交互项	职业认同*心理所有权							−0.191**
R^2		0.073	0.160	0.203	0.425	0.523	0.482	0.370
$\triangle R^2$		0.064	0.149	0.185	0.411	0.509	0.469	0.323
F		5.525	23.094***	35.405***	40.007***	49.308***	45.203***	38.838***

注：***表示 $p < 0.001$；**表示 $p < 0.01$；*表示 $p < 0.05$。

（1）工作满意度在职业认同与离职倾向之间的中介作用验证

第一步，检验自变量职业认同对因变量离职倾向的影响。基准模型（模型4）引入自变量职业认同、控制变量及因变量离职倾向进行回归分析，将控制变量性别、年龄、新形态行业就业年限等，放入回归方程第一层，自变量新形态就业者职业认同放入第二层。结果显示，职业认同的估计系数在0.1%的水平下显著为负，即职业认同对离职倾向具有显著的负向影响（ $\beta = -0.602$， $P < 0.001$ ），H1得到验证。

第二步，检验职业认同对工作满意度的影响。以职业认同为自变量，工作满意度为因变量进行回归分析（模型2）。将控制变量性别、年龄、新形态行业就业年限等，放入模型第一层，自变量新形态就业者职业认同放入模型第二层。结果显示，职业认同的估计系数在0.1%的水平下显著为正，即职业认同对员工工作满意度具有显著的正向影响（ $\beta = 0.447$， $P < 0.001$ ）。

第三步，检验工作满意度在职业认同与离职倾向之间的中介作用。以工作满意度、职业认同为自变量，离职倾向为因变量进行回归分析（模型6）。将控制变量，放入模型第一层，自变量放入第二层，中介变量放入第三层。结果显示，相较于模型4，模型的拟合优度 R^2 由0.425提升到0.482，调整的拟合优度 $\triangle R^2$ 由0.411提升到0.469。职业认同的估计系数由−0.421下降到−0.602，估计系数仍在0.1%水平下显著。根据温忠麟（2004）的研究，自变量对中介变量、中介变量对因变量的回归系数均显著即可验证中介效应存在。此外，模型6中，职业认同对离职倾向具有显著的负向影响（$\beta=-0.602$，$P<0.001$），估计系数仍然显著，说明工作满意度在职业认同与离职倾向之间起到部分中介作用。因此，H2成立。

（2）员工心理所有权在职业认同与离职倾向之间的调节作用验证

将自变量职业认同、调节变量心理所有权以及中心化后的交互项（对交互项进行中心化处理，可消除多重共线性的影响，文献）与因变量离职倾向引入回归方程（模型7），职业认同对离职倾向存在显著的负向影响（$\beta=-0.608$，$P<0.001$），中心化后的职业认同与心理所有权交互项对离职倾向具有显著的负向影响（$\beta=-0.191$，$P<0.01$），说明心理所有权在职业认同与离职倾向之间起到调节作用，H3得到验证。

为了更好地说明心理所有权的调节效应，利用Aiken和West提出的简单坡度分析程序进行分析。将员工心理所有权按照高于和低于均值一个标准差分为高低两组，以职业认同为自变量，离职倾向为因变量进行分组回归。结果如图5-2所示，当员工心理所有权取值较高时，职业认同与离职倾向关系显著，估计系数为（$\beta=-0.389$，$P<0.001$）；当员工心理所有权取值较低时，职业认同与离职倾向关系显著，估计系数为（$\beta=-0.167$，$P<0.001$），且低心理所有权员工的离职倾向比高心理所有权员工离职倾向高。即员工心理所有权调节职业认同对离职倾向的负向影响，假设H3得到验证。

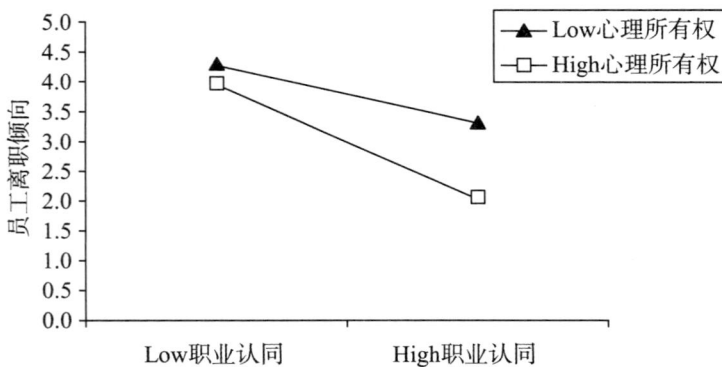

图5-2　员工心理所有权的调节效应图

5.2.6 稳健性检验

为更精确考察新形态就业背景下员工工作满意度的中介效应，对应假说2，进行Bootstrapping和Sobel检验，重复抽取次数为3000，计算变量间的直接效应和间接效应。检验结果表明（表5-5），间接效应的偏差校正置信区间为［-0.294，-0.085］，不包含0，表明员工工作满意度的中介效应显著。同时，直接效应的偏差校正置信区间为［-0.305，-0.111］，不包含0，表明员工工作满意度起部分中介作用。Sobel检验的Z值为-2.92（$P<0.01$），进一步证明了H2成立。

表5-5　中介效应检验结果

中介变量	效应	效应值	Bootstrapping检验		Sobel检验	
			95%置信区间		Z值	P值
			LLCL	ULCL		
工作满意度	间接效应	-0.189	-0.294	-0.085	-2.92	0.003 5
	直接效应	-0.208	-0.305	-0.111		

5.3 结果讨论

本书基于新形态就业背景，探究员工职业认同如何影响离职倾向。以工作满意度为中介变量，分析工作满意度在职业认同与员工离职倾向之间的中介作用，并以心理所有权为调节变量，分析职业认同对离职倾向影响机制的边界条件。

（1）关于主效应的讨论

新形态就业者职业认同对员工离职倾向具有显著的负向影响。这一结论可以在其他行业就业者职业认同与离职倾向的研究中得到相互印证。李志等聚焦基层公务员群体，依据职级和年龄细分公务员群体，探究公务员职业认同对离职倾向的影响，证实基层公务员职业认同对离职倾向的负向影响及代际差异的存在。魏淑华等以教师行业为研究背景，探究教师职业认同、工作满意度与离职意向三者间的关系，结果发现，职业认同度高的教师离职意愿较低；还有学者基于资源保护理论，探讨了中国酒店员工的职业认同、员工敬业度、工作满意度和离职倾向之间的关系，利用结构方程模型证实了职业认同对离职倾向的负向影响。新形态就业是在新经济、新技术背景下产生的一种全新的就业形式与劳动交换方式。本研究将研究视角聚焦于新形态平台企业就业，验证了新形态就业者职业认同对员工离职倾向的负向激发效应。员工职业认同作为重要的内在心理指标，可促进员工克服工作中的挫败感，提升员工工作绩效，进而有效降低其离职倾向。此外，当员工对自己从事工作认同感较高时，会从工作中获得较高的满足感，对员工的工作投入产生正向激励，降低员工离职动机。总之，职业认同的缺乏会加速情绪资源的损耗，降低员工工作满意度，产生消极怠工行为，进而产生离职的想法。研究结果进一步丰富了职业认同与离职倾向主题的相关研究。

（2）关于工作满意度中介作用的讨论

关于工作满意度在新形态就业者职业认同与离职倾向之间起中介作用。职业认同会对离职倾向产生显著影响，同时，离职倾向还会通过工作满意度对离职倾向产生间接影响。不同行业员工离职倾向的诱因进行了细致深入的探究。其中，工作满意度是诱发员工离职行为的关键因素。工作满意度作为一种愉悦的、积极的工作体验，相应伴随着更多的积极情绪与更佳的心理状态。拥有充足的能量、精力等身心资源可有效降低员工离职倾向。其次，依据资源保存理论，当员工工作满意度较高时，更有利于防止资源损失并建构积极的身心资源，进而降低员工离职倾向，形成资源增益螺旋。职业认同通过提升工作满意度，这种积极的心理资源会促发员工对当前工作的工作投入感以及对企业的忠诚度，使其更愿意积极投入工作，最终降低员工离职倾向。

（3）关于心里所有权调节作用的讨论

心理所有权在新形态就业者职业认同与离职倾向之间起到调节作用。在新经济赋能下，新形态就业展现出强大的就业机会创造力与就业吸纳能力，创造出更多灵活就业岗位，劳资关系呈现松散性与灵活性。如何提升员工的归属感及心理所有权，成为解决新形态就业背景下离职率居高不下的关键环节。心理所有权较强的员工，更愿意相信，其所从事的工作是其实现自我价值的一部分（郎艺和王辉，2016）[178]，会对组织投入更多情感，有助于提升工作绩效，并且具有较强的主人翁意识，更有助于增强其对组织的信任感。当职工的心理所有权较高时，其工作会更加积极，更容易激发其创新力和创新行为，进而促进员工形成更有利于组织的工作态度和行为，降低离职倾向。

6

新形态就业者职业认同利益相关者博弈及决策分析

上文从微观层面对新形态就业者职业认同的前因与后果进行了分析，本章主要围绕与新形态就业者具有紧密关联的几方利益相关者，运用博弈论理论方法进行相机决策过程演化分析。

6.1 问题描述与研究假设

6.1.1 研究方法概述

博弈是指在一定的规则或者约束条件下，博弈各方根据自身所掌握的信息以及自身所具备的条件等来选择利于自身的最优选择，从而达到自身的最大收益以及最低风险的过程。博弈论（Game Theory），又称为对策论，是逻辑和数学分析的工具之一，其通过将博弈主体的行为以及行为选择公式化后，进而求解博弈主体之间相互作用时的决策选择以及决策均衡问题。博弈论首次被证明是于1928年，冯·诺依曼通过严谨的数学以及逻辑证明界定清楚了博弈论定义，并在此基础上提出了博弈论的基本原理。1944年，在此基础上冯·诺依曼和摩根斯进而将博弈论中的双人博弈推广到 n 人博弈，并且将博弈论首次应用于经济研究解决经济问题，从而建立了博弈论理论体系的基础。在一个完整的博弈模型中，需要包括局中人、策略、得失、博弈涉及的顺序以及对于每个博弈参与者来说存在着一种博弈结果。博弈论应用于分析现实情形解决实际问题时，要在特定的博弈规则中，确定各博弈主体之间的最优策略组合。

博弈论对决策主体的理性要求过于苛刻，即完全理性假设，要求各方决策者具有"共同知识",近乎全知全能,进而研究此种情境下决策主体的行为发生直接相互作用时候的决策以及这种决策的均衡问题,但博弈论也有一定的局限性,即在博弈论求均衡解时可能会遇到多重均衡解,局限于条件以及选择情形的限制会使得博弈主体难以确定应该选择哪个均衡解。1970年之后,相关生物学者在梳理了博弈论以及发展的局限性的同时,提出了类似于生物学中进化概念的演化博弈理论,这是博弈论研究发展的一大进步,并且在此基础上相关学者将演化博弈应用到经济领域中,去研究解决经济性问题,此时博弈论的初始研究假设就发生了改变,即从完全理性假设转变为有限理性假设。

演化博弈理论强调的是一种动态的博弈均衡,它将传统的博弈论的相关理论以及生物进化理论结合在一起,研究各个博弈主体之间的因为行为选择的不同而引起的相互作用,进而求出各方博弈主体之间的均衡解以及之后的演化趋势。它从个体的有限理性角度出发,认为现实中的个体行为并不是最优化行为,这是因为个体的决策很大程度上会受到其他个体之间的影响,或者说在某种程度上每个博弈个体具体会选择怎样的决策以及采取哪一种行为,都是通过他们之间不断地进行模仿、学习和突变等动态过程来不断调整修正实现的。演化博弈正是注意到了这一点,它以诸多博弈个体组成的群体为各个博弈方,来研究有限理性下各个博弈群体之间的行为选择以及决策,以及他们之间的相互影响和作用,而每个系统的演化趋势以及均衡状态跟每个博弈主体初始选择策略以及演化的路径有着密切的关系。

(1)演化博弈理论与经典博弈理论的区别

第一,演化博弈理论与经典博弈理论对于博弈主体的初始理性假设不同。

经典博弈理论对于博弈主体的初始理性假设是以完全理性假设为前提和基础的,他认为每个博弈主体都是完全理性的,都可以根据环境以及博弈对手的反应做出自身的最优反应,并且他们的目标都是相同的,即以自身利益为行为选择的唯一标准。经典博弈理论还有一个初始假设即认为每个博弈主体都共同认可或者具有一个相同的认识即每个决策主体都能根据对方的决策做出利于自身的最优化决策。然而在激烈的市场环境中，各种复杂、不确定的因素层出不穷，这些因素会极大地影响决策主体的判断与决策，使其很难达到完全理性的程度，做出利于自身的最优决策。因此这种完全理性的假设就存在一定的局限性。演化博弈理论从西蒙的有限理性角度出发，决策主体只能获得一定的决策信息并根据这些信息做出自身的判断和决策，并且参与的决策主体在多数情形下是不能根据环境以及博弈对手的变化以及反应做出自身最优的决策。

第二，演化博弈理论与经典博弈理论的研究对象及方法不同。

经典博弈理论的研究对象比较简单，即博弈主体是参与人个体并且根据其余个体的一定选择从而做出自身最优选择，是一种静态博弈。而演化博弈理论以个体组成的群体为研究对象，其余的假设条件基本与个体博弈的假设条件一致，即群体也是有限理性的，其行为可以互相作用互相影响的，群体之间会进行不间断的行为选择和决策，即进行有限次重复博弈或者无限次重复博弈，博弈群体可能在初始状态是不会做出利于自身选择的最佳决策，但群体之间的博弈是一个动态调整的过程，通过不断地模仿、学习和突变等过程不断修正自身的选择和决策，每个系统的演化趋势以及均衡状态跟每个博弈主体初始选择策略以及博弈之后的行为选择策略有着密切的关系。因此演化博弈与经典博弈理论不同，需要用一种动态的和演化的思维方式方法来不断研究博弈主体之间的博弈与相互作用进而达到博弈均衡的过程。它将包括个人以及群体行为的形成机制以及其所存在的环境以及组织等因素都考虑到演化博弈模型中去，在能真实地反应决策主体的行为复杂性、多变性以及多样性的同时更能真实地反应与解决实际性问题。

第三，演化博弈理论与经典博弈理论的动态概念不同。

经典博弈论理论中，博弈过程中的每个博弈方的博弈对手都是固定的，并且每个博弈方可以根据实际情况以及决策的先后顺序等从而可以推断每个博弈方的收益。经典博弈理论也有一种动态博弈，他可以准确预测和判断每个博弈方的行为选择以及各自选择之后的收益或损失，甚至可以预测到每种行为选择的概率，然后根据所获得的信息做出利于自身的最优决策。经典博弈理论实际上是一次博弈，没有考虑到博弈群体的学习和调整能力，也没有将实际情况中的各种影响因素考虑在博弈模型之中。而演化博弈与其不同，博弈过程中的每个博弈方的博弈对手不是固定的，并且演化博弈实际上是一种重复性的动态博弈，考虑到了博弈群体的学习和调整能力，并且将实际情况中的各种影响因素考虑在博弈模型之中。各个博弈主体很少会考虑自身的决策和选择会对其他博弈主体产生何种影响，即以自身利益最大化为自身决策目标，但在此过程中各方策略会不断地改变，这是因为博弈群体实际上是具有学习和调整能力的，这与经典博弈理论的动态概念是完全不同的。

第四，演化博弈理论与经典博弈理论的均衡概念不同。

纳什均衡是最为常见的一种博弈状态，也是学者们最常用其来求解经典博弈均衡的方式方法。具体来说，纳什均衡与动态博弈不同，是一种静态博弈均衡，因此不能用之去求解整个博弈群体以及群体之间的演化运动趋势。纳什均衡有一些严格的假设前提，即博弈方是完全理性假设，并且在其他博弈方的选择和决策不变的情况下，此博弈主体做出选择和决策会给自身带来最大的利益，一旦决策改变利益会减少，即此状态下的策略集合为此系统的纳什均衡。在演化博弈理论中，由于博弈主体较多，一般采用演化博弈稳定策略来求解博弈均衡解从而得到系统的演化趋势。演化博弈稳定策略是没有其他博弈主体影响或加入从而只考虑现在博弈主体的选择和决策而做出的策略选择，虽然此时的稳定策略也是一种静态概念，但是它是经由整个系统演化博弈得来的，可以在很大程度上描述整个博弈系统达到博弈均衡时的一种系统特性，因此可以根据实际情况利用演化博弈理论的优势以及博弈方法来预测博弈主体的行为以及策略选择。

（2）演化博弈理论两个核心概念

本书研究了对称游戏的演化稳定策略概念。① $n \geq 3n \geq 3$ 的游戏者。分析这些游戏和策略的主要属性，并提供几个示例。将ESS的概念与以前的文献联系起来，并提供了ESS在对称游戏中的有限性证明。② $n \geq 3n \geq 3$ 球员。表明，不像的情况下 $n = 2n = 2$，当有两个以上的人口时，ESS没有统一的入侵屏障，或者等同于，它不等同于针对邻里中所有策略表现更好的策略。还为这些游戏构建了扩展的复制动态，并研究了对投资战略规划模型的应用。进化游戏以群组为研究对象，并不严格要求游戏组是完全理性的。

复制动态方程和进化稳定策略是两个重要概念，复制动态方程描述了一个群体中策略的增长率，即选择策略值和平均策略值之间的差异。它是一个动态的微分方程。据此，可以知道，当选择策略获得的好处高于群体的平均收入时，该策略的群体可以在整个群体中模仿。由于复制动态方程不仅能有效描述游戏人群之间的相互转换及其行为的动态调整，而且能反映人口稳定状态行为的域稳定性，本书将选择复制动态方程来分析模型。

（3）演化博弈理论可应用性分析

演化博弈是一个各方博弈主体之间的长期动态调整过程，各方博弈主体通过针对对方的策略以及策略变化从而来对自身的策略进行调整，并且通过博弈主体之间的有限次或者无限次博弈从而形成一个较为稳定的均衡状态。经典博弈论是基于管理学中的"完全理性人假设"学说，这种传统的严格假设，在实际生活中极少有完全理性的可能或假设条件，导致经典博弈论不适用于研究所有类型的问题，因此相关研究者进一步提出了演化博弈理论，优化和改进了经典博弈论中的完全理性人假设，引入了有限理性人假设，分析各方的演化博弈策略。与经典博弈理论相比，演化博弈理论从各博弈主体的有限理性假设角度出发，被应用于并且广泛应用于多个领域的治理研究中去，其中主要包括但不限于：信息安全、危机治理、环境治理、公司治理、药品和食品安全治理、金融管理和互联网治理等领域。

演化博弈理论与经典博弈理论不同，它以诸多个体组成的博弈群体为研究对象，并且以博弈主体的有限理性假设代替了完全理性假设。对于平台型企业、新形态就业者和政府监管部门来说，他们是有限理性假设，没有固定的博弈对手，互相的博弈信息对于博弈群体来说也没有被完全知晓，因此很难做出利于自身的最优选择。在大多数情形下，演化博弈理论将时间因素以及就业中的各种影响因素纳入博弈模型中，并通过各博弈群体之间的动态调整来达到博弈均衡，进而利用动态的、整体的以及系统的观点考虑就业的未来发展情形与趋势，这样弥补了经典博弈理论中静态博弈静态分析中的缺点。演化博弈理论中的演化稳定策略在预测和分析博弈主体的行为方面比经典博弈理论更加现实和准确。平台型企业、新形态就业者和政府监管部门通过之间的相互模仿相互学习来不断修正自身的行为以及选择，这种情况十分适合利用演化博弈理论中的演化稳定策略分析来分析。演化博弈理论具有诸多优势以及对于经典博弈理论不足的弥补，使得其成为信息不对称情形下研究就业问题的新方法新突破，因此本书将对新形态就业中的信息不对称现象建立演化博弈模型以展开系统的研究。

6.1.2 研究假设

本章针对平台型企业选择正规还是不正规策略、新形态就业者选择认同职业还是不认同职业策略、政府监管部门选择监管还是不监管策略展开分析。影响利益相关者做出不同选择的主要因素有：平台型企业是否正规经营的成本与收益、新形态就业者认同职业所带来的正面效应以及不认同职业所带来的损失、平台不正规经营对新形态就业者造成损失、平台正规经营下社会对新形态就业者的行业赞誉以及政府监管成本等。运用演化博弈和复制动态方程，开展新形态就业者职业认同利益相关者博弈及决策分析，构建的演化博弈模型见图6-1。

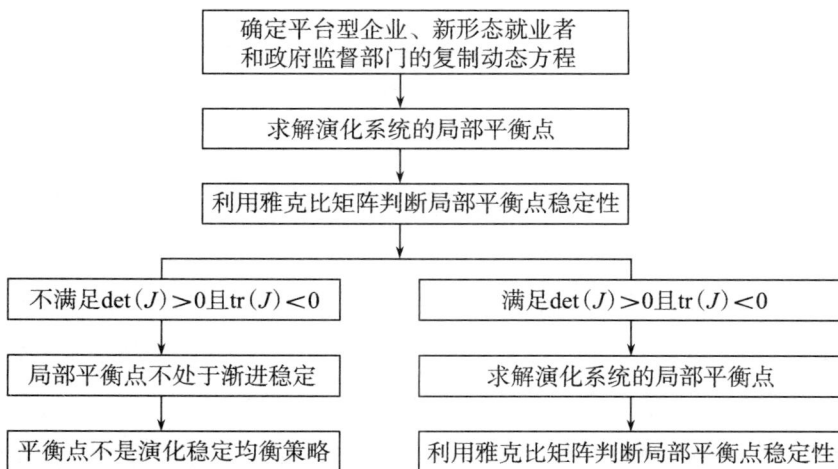

图6-1 新形态就业者职业认同演化博弈分析思路图

演化博弈理论基本模型可以根据研究对象的数量差异分为单群体模型以及多群体模型，其中多群体模型又可以称之为非对称模型，每类模型又因为研究对象的复杂程度可以分为初级中级和高级之分。本书根据研究对象的数量以及复杂程度选择初级多群体模型，即三群体（平台型企业、新形态就业者和政府监管部门）演化稳定策略。演化稳定策略是相关学者对于演化博弈理论的延伸与进一步拓展，具体来说，可以将任何一个个体或群体放置于两个或两个以上的性质完全不同个体或群体之中，每个博弈方的个体或群体都具有相应的不对称性以及相关性，从而在影响每个博弈个体或群体的适应度的同时可以影响整个系统的发展趋势。三群体中的每个博弈方，可以分别从其余的群体中选择不同的博弈方进行多方配对，进而博弈和演化分析。同时在三群体中，复制动态方程的矩阵博弈都因是由演化博弈理论得来的，因而具有传统的严格假设，即每个博弈参与方的战略选择只有合作和不合作之分。本书采用的三群体之间的连续复制动态方程模型，进而研究群体之间不同的战略选择行为以及不同行为之间的冲突与合作所引起的整个系统的调整与变化，同时可以分析不同博弈主体之间不同战略选择是否具有一定的影响关联性与内部传播性。综上，将研究范围界定为三群体三战略矩阵。

假定平台型企业、新形态就业者和政府监管部门是有限理性的，无法预测其余博弈方的准确行动从而无法采取最优策略。平台型企业、新形态就业者和政府监管部门会根据各自上一级的收益、成本以及行动策略来修正和调整博弈方自身的行动策略，从而经过有限次或者无限次重复博弈，经过不断的动态模仿、学习以及试错，三方会在最终博弈阶段达到演化稳定均衡，从而获得他们在此均衡策略下的最优收益。

假定新形态就业者无法对平台型企业的行为和选择进行约束，但新形态就业者可以根据平台型企业在上一博弈阶段的策略以及选择从而修正选择这一博弈阶段的行为选择策略，即平台型企业在上一博弈阶段的行为选择策略将会很大程度上影响新形态就业者的行为选择策略，同时也会影响自身在这一阶段的选择策略。在此过程中政府监管部门的监管与否也会对平台型企业以及新形态就业者的行为选择策略产生一定的作用与影响。

基于以上分析，提出如下假设：

假设1：主要存在平台型企业、新形态就业者、政府监管部门三类主体。平台型企业有选择正规和不正规两种策略；两种策略下正规运营的平台型企业比不正规运营的企业多付出成本C_2，平台型企业正规运营下的收益U_1，企业不正规运营的收益U_1'；政府对平台型企业监管成本C_1，平台不正规运营对新形态就业者所带来的消极作用D_1。平台型企业不正规运营非法获利X，员工在平台型企业不正规运营下消极怠工对平台型企业的损失，新形态就业者对政府监管的认可U_3，平台型企业不正规运营时被政府查到需要缴纳罚金G，平台正规运营下社会对新形态就业者的行业赞誉R。不正规为0，新形态就业者对职业的自我认同效应V。

6.2 新形态就业利益相关者职业认同博弈模型构建

6.2.1 模型基本要素解析

上一节对三方行为做了基本假设，下面对上述三方做出演化博弈模型，具体分析如下：

（1）博弈方

现假设该博弈主体主要分为三类，即新形态就业者、平台型企业和政府，且博弈三方是在不完全理性条件下的博弈分析，即博弈主体都会选择对自己最优的博弈决策。故三方都应作为演化博弈的博弈方，设博弈方1为新形态就业者，博弈方2为平台型企业，博弈方3为政府。

（2）策略集合

新形态就业者可以采用两种策略：认同策略和不认同策略。平台有两种类型：正规运营企业与不正规企业。政府可以采用两种策略：监管和不监管策略。博弈方1的策略集合S为｛认同，不认同｝，博弈方2的策略集合R为｛正规，不正规｝，博弈方3的策略集合T为｛监管，不监管｝。

（3）行动次序

由于本书中的演化博弈模型是以参与人满足不完全理性假设的前提下，考虑平台是否正规运营，平台不正规运营欺骗新形态就业者的行为演化过程，因而忽略掉新形态就业者与平台的博弈次序，而考虑新形态就业者与平台同时选择的问题。上一轮博弈的结果会对下一轮博弈中的新形态就业者与平台企业选择各自的行动策略产生影响。

（4）得益情况

新形态就业者了解自己的类型，而招聘者不了解平台型企业究竟属于哪一类型。新形态就业者由于不了解平台状况，如果平台不正规运营会加大新形态就业者对平台的不认同感，另外，政府如果不进行监管，平台会肆无忌惮地进行不正规运营，同样会加大新形态就业者对其不认同感。

下面用符号标注变量：

正规运营的平台型企业比不正规运营的企业多付出成本C_2，

平台型企业正规运营下的收益U_1，

企业不正规运营的收益U_1'，

政府对平台型企业监管成本C_1，

平台不正规运营对新形态就业者所带来的消极作用D_1，

平台型企业不正规运营非法获利X，

员工在平台型企业不正规运营下消极怠工对平台型企业的损失T，

新形态就业者对政府监管的认可U_3，

平台型企业不正规运营时被政府查到需要缴纳罚金G，

平台正规运营下社会对新形态就业者的行业赞誉R，

新形态就业者对职业的自我认同效应V。

6.2.2 模型构建

表6-1　新形态就业者职业认同的演化博弈模型

策略组合	政府	平台	就业者
监管、正规、认同	$-C_1+U_3$	U_1-C_2	$R+V+U_2$
监管、正规、不认同	$-C_1+U_3$	U_1-C_2	$R+U_2'$
监管、不正规、认同	$-C_1+U_3+G$	$U_1'+X-T$	$-D_1+V+U_2$
监管、不正规、不认同	$-C_1+U_3+G$	$U_1'+X-T$	$-D_1+U_2'$

策略组合	政府	平台	就业者
不监管、正规、认同	0	$-C_2+U_1$	$R+V+U_2$
不监管、正规、不认同	0	$-C_2+U_1$	$R+U_2'$
不监管、不正规、认同	$-U_3$	$U_1'+X-T$	$-D_1+V+U_2$
不监管、不正规、不认同	$-U_3$	$U_1'+X-T$	$-D_1+U_2'$

假设政府采取监管策略的概率为x，不监管策略的概率为$1-x$，平台采用正规运营的概率为y，不正规的概率为$1-y$，就业者认同职业的概率为z，不认同的概率为$1-z$。

政府监管和不监管的期望收益V_{x1}，V_{x2}为

$$V_{x1}=yz（-C_1+U_3）+y（1-z）（-C_1+U_3）+（1-y）z（-C_1+U_3+G）+（1-y）$$
$$（1-z）（-C_1+U_3+G）$$
$$=-C_1+U_3+G$$
$$V_{x2}=（1-y）z（-U_3）+（1-y）（1-z）（-U_3）$$
$$=（1-y）（-U_3）$$

平台正规和不正规的期望收益：

$$V_{y1}=xz（U_1-C_2）+x（1-z）（U_1-C_2）+（1-x）z（U_1-C_2）+（1-x）（1-z）$$
$$（U_1-C_2）$$
$$=U_1-C_2$$
$$V_{y2}=xz（U_1'+X-T）+x（1-z）（U_1'+X-T）+（1-x）z（U_1'+X-T）+（1-x）$$
$$（1-z）（U_1'+X-T）$$
$$=U_1'+X-T$$

新形态就业者认同职业和不认同的期望收益为

$$V_{z1}=xy（R+V）+x（1-y）（V-D_1）+（1-x）y（R+V）+（1-x）（1-y）（V-D_1）$$
$$V_{z2}=xyR+x（1-y）（-D_1）+（1-x）yR+（1-x）（1-y）（-D_1）$$

6.3 新形态就业利益相关者职业认同策略均衡分析

（1）平台企业激励策略稳定性分析

由以上分析可知，平台型企业运营决策复制动态方程：

$$F(y)=\mathrm{d}y/\mathrm{d}t=y(1-y)(V_{y1}-V_{y2})=y(1-y)(U_1-C_2+T-X-U_1')$$

① $U_1-C_2+T-X-U_1'=0$，则 $F(y)\equiv0$，则采取任何策略都是稳定策略。

② $U_1'+X-T<U_1-C_2$，则 $F'(y)|_{y=1}<0$，$F'(x)|_{y=1}>0$，$y=1$ 是稳定策略。即当不正规下的企业净收益小于正规下的净收益，平台型企业采用正规运营的方式，若 $U_1'+X-T>U_1-C_2$，则 $F'(y)|_{y=0}<0$，$F'(x)|_{y=1}>0$，$y=0$ 是稳定策略，即当不正规运营下的平台型企业净收益大于正规下的净收益，平台型企业会采用不正规运营策略。

（2）新形态就业者认同策略稳定性分析

同理，新形态就业者职业认同决策复制动态方程：

$$F(z)=\mathrm{d}z/\mathrm{d}t=z(1-z)(U_{z1}-U_{z2})=z(1-z)(U_2-U_2'+V)$$

① 若 $U_2-U_2'+V=0$，则 $F(z)\equiv0$，此时采取任何行动都是稳定策略。

② 若 $U_2-U_2'+V>0$，令 $F(z)=0$，得 $z=0$，$z=1$ 两个准演化稳定点，对 $F(z)$ 求导得：$F'(z)=(1-2z)(U_2-U_2'+V)$，$F'(y)|_{z=0}>0$，$F'(x)|_{z=1}<0$，$z=1$ 是稳定策略；当 $U_2-U_2'+V<0$，$F'(y)|_{z=0}<0$，$F'(x)|_{z=1}>0$，$z=0$ 是稳定策略。可以看出，认同职业与否与收益密切相关。

（3）政府监管部门监管策略稳定性分析

政府监管决策的复制动态方程：

$$F(x)=\mathrm{d}x/\mathrm{d}t=x(1-x)(V_{x1}-V_{x2})=x(1-x)[(1-y)G-C_1+U_3(2-y)]$$
$$=x(1-x)[(1-y)G-C_1+U_3(2-y)]$$

由复制动态方程稳定性定理知，作为稳定策略的 x 应满足 $F(x)=0$ 且 $F'(x)<0$。

① 若 $y=(G+2U_3-G_1)/(G+U_3)$，则 $F(x)=0$。可知此时政府群体中任何比例的监管策略都是稳定状态，即策略比例不会随着时间而变化。

② 若 $y\neq(G+2U_3-C_1)/(G+U_3)$，令 $F(x)=0$，得 $x=0$，$x=1$ 两个准演化稳定点，对 $F(x)$ 求导得：

$$F'(x) = (1-2x)[(1-y)G-C_1+U_3(2-y)]$$

由于政府部门对违规企业的罚金一般高于监管成本，故
$(G+2U_3-G_1)/(G+U_3)>0$，分情况讨论：

当$y>(G+2U_3-C_1)/(G+U_3)$，有$F'(x)|_{x=0}<0$，$F'(x)|_{x=1}>0$，$x=0$是稳定策略，而当$y<(G+2U_3-C_1)/(G+U_3)$，有$F'(x)|_{x=0}>0$，$F'(x)|_{x=1}<0$，$x=1$是稳定策略。说明政府监管决策与企业正规运营占比密切相关，当正规运营的企业比例高于$(G+2U_3-C_1)/(G+U_3)$时，政府出于对支出的开源节流，会选择不监管策略，而当这一比例低于$(G+2U_3-C_1)/(G+U_3)$时，政府会在下一阶段博弈中倾向于监管策略。

（4）三方主体策略的演化稳定性分析

下面讨论三方共同作用下的演化稳定策略及不同均衡状态，根据Friedman提出的方法，演化稳定策略（ESS）可由Jacobian矩阵的局部稳定性分析得出，Jacobian矩阵如下：

$$J=\begin{vmatrix} \partial F(x)/\partial x & \partial F(x)/\partial y & \partial F(x)/\partial z \\ \partial F(y)/\partial x & \partial F(y)/\partial y & \partial F(y)/\partial z \\ \partial F(z)/\partial x & \partial F(z)/\partial y & \partial F(z)/\partial z \end{vmatrix},$$

$\prod_1=\partial F(x)/\partial x=(1-2x)[(1-y)G-C_1+U_3(2-y)]$

$\prod_2=\partial F(x)/\partial y=x(1-x)[(-G)-C_1-U_3]$

$\prod_3=\partial F(x)/\partial z=0$

$\prod_4=\partial F(y)/\partial x=0$

$\prod_5=\partial F(y)/\partial y=(1-2y)[U_1-C_2+T-X-U_1']$

$\prod_6=\partial F(y)/\partial z=0$

$\prod_7=\partial F(z)/\partial x=0$

$\prod_8=\partial F(z)/\partial y=0$

$\prod_9=\partial F(z)/\partial z=(1-2z)[U_2-U_2'+V]$

根据Reinhand研究结论，在非对称博弈中，若信息不对称条件成立，演化稳定策略为纯策略。故仅需讨论八个纯策略均衡点$(0，0，0)$、$(0，1，0)$、$(0，1，0)$、$(0，1，1)$、$(1，0，0)$、$(1，0，1)$、$(1，1，0)$、$(1，1，1)$

的稳定性。由李雅普诺夫第一法则，当Jacobian矩阵所有特征值均为负时，该均衡点是稳定点。

表6-2　政府监管部门监管策略稳定性分析

均衡点	λ_1	λ_2	λ_3
（0，0，0）	$G-C_1+2U_3$	$U_1-C_2+T-X-U_1'$	$U_2-U_2'+V$
（0，0，1）	$G-C_1+2U_3$	$U_1-C_2+T-X-U_1'$	$-(U_2-U_2'+V)$
（0，0，0）	$-C_1+U_3$	$-(U_1-C_2+T-X-U_1')$	$U_2-U_2'+V$
（0，0，0）	$-C_1+U_3$	$-(U_1-C_2+T-X-U_1')$	$-(U_2-U_2'+V)$
（0，0，0）	$-(G-C_1+2U_3)$	$U_1-C_2+T-X-U_1'$	$U_2-U_2'+V$
（0，0，0）	$-(G-C_1+2U_3)$	$U_1-C_2+T-X-U_1'$	$-(U_2-U_2'+V)$
（0，0，0）	C_1-U_3	$-(U_1-C_2+T-X-U_1')$	$U_2-U_2'+V$
（0，0，0）	C_1-U_3	$-(U_1-C_2+T-X-U_1')$	$-(U_2-U_2'+V)$

命题1：当$C_1>U_3$，$U_1-C_2+T-X-U_1'>0$时，（0，1，1）是系统唯一渐进稳定性；当$C_1<U_3$，$U_1-C_2+T-X-U_1'>0$时，（1，1，1）是系统唯一渐进稳定性。

证明：对于情形1，由均衡点（0，1，1）特征值表达式得，在情形1条件下其特征值$\lambda_1<0$，$\lambda_2<0$。由于$U_2>U_2'$，所以（0，1，1）是系统唯一渐进稳定点。情形2渐进稳定点证明同上述过程类似，证毕。

情形1中，当政府对平台监管的成本大于新形态就业者对政府监管的认可，且平台型企业正规运营收益与正规运营额外成本之差大于平台型企业不正规收益与损失之差时，系统演化稳定策略为（政府不监管，平台型企业正规运营，新形态就业者认同职业）。

情形2中，当政府对平台监管的成本小于新形态就业者对政府监管的认可，且平台型企业正规运营收益与正规额外成本之差大于平台型企业不正规收益与损失之差时，系统演化稳定策略为（政府监管，平台型企业正规运营，新形态就业者认同职业），满足条件的三方演化分析如图6-2所示。

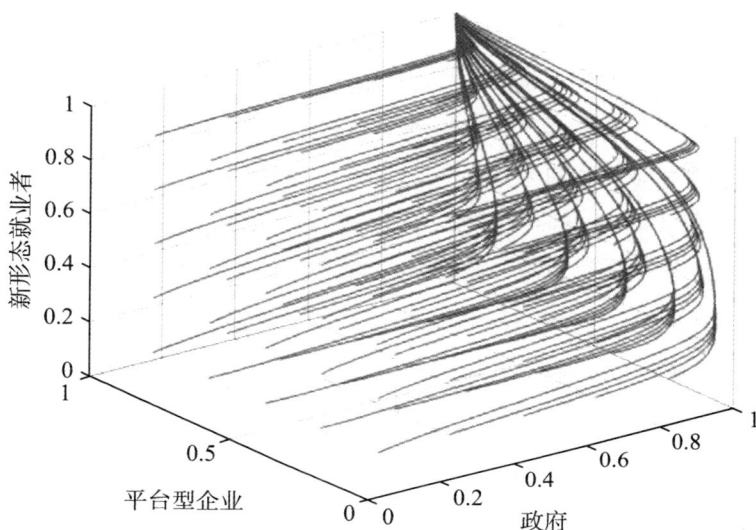

图6-2　政府、平台型企业与新形态就业者三方演化分析

6.4 主要研究结论及理论阐发

新形态就业职业认同的利益相关者众多，从中择取具有紧密关系的三者进行三方演化博弈分析，所得结论在丰富平台就业相关理论研究的基础上，为平衡兼顾新形态就业多方利益、有效提升就业者职业认同提供统筹兼顾之策。

在构建新形态就业职业认同的问题描述与理论模型的基础上，进行新形态就业利益相关者职业认同策略均衡分析。立足于政府、平台型企业及新形态就业者进行建模的基本假设与模型构建，分别开展了平台型企业激励策略稳定性分析、新形态就业者认同策略稳定性分析、政府监管部门监管策略稳定性分析和三方主体策略的演化稳定性分析。基于利益相关者视角，围绕新形态就业者职业认同涉及的利益问题，基于新形态就业职业认同的理论基础以及现实情况进行综合分析，运用稳定分析和仿真模型，针对新形态就业者职业认同涉及的三方利益及角力过程进行深入辨析，主要得出以下结论。

① 政府作为新就业平台市场主要监管者，制定切实可行的市场监管政策是统领该项工作关键；政府对市场的监管力度是平台企业正常运营的切实保障；因此构建复制动态演化博弈模型，从利益相关者视角分析了政府、

平台型企业和新形态就业者在关于促进就业者职业认同中的行为策略,分析表明:政府对平台的监管力度是影响平台运营的直接因素。当政府对平台监管的成本大于新形态就业者对政府监管的认可,且平台型企业正规运营收益与正规运营额外成本之差大于平台型企业不正规收益与损失之差时,系统演化稳定策略为(政府不监管,平台型企业正规运营,新形态就业者认同职业)。但事实上,这种政府不监管的行为将造成大量平台不会正规运营,已获得大量违规收入,新形态就业者对企业的认同感会极大下降,对于整体新形态就业市场是一个不好的信息,将不利于市场的发展,因此,它是子博弈精炼均衡解的排出部分。

② 本章界定了新形态就业者等三方利益相关主体的博弈行为和博弈关系,确定了政府、平台和新形态就业者三个核心利益主体,新形态就业者是否认同职业与平台在两种运营模式下的净收入息息相关,如果平台型企业正规运营净收益高于不正规企业,会促使新形态就业者趋向于认同职业。因此政府应当适当地给予平台财政补贴,使得平台正规运营收益远超不正规收益,间接可以增加新形态就业者的职业认可度。另外社会认同也是影响新形态就业者职业认同的一个重要的因素。社会认同理论分析了个体认同与社会认同的区别。社会认同是社会成员共同拥有的信仰、价值等因素的集中体现,从本质上来讲是一种集体的理念。因此,与追求利益的个体认同相比,注重社会认同所带来的归属感更加具有稳定性。如果社会认同其职业的重要性,那么会有很多新形态就业者参加到新形态职业中,会大大增加就业率,因此,政府应该大力支持平台企业的发展,给予其足够政策优惠,使其在政府的优惠政策下正规运营,以加强新形态就业者的职业认可度。

③ 基于政府监管条件下,着重分析政府、平台型企业和新形态就业者在关于促进就业者职业认同中的策略选择,以及各影响因素的相互作用关系。通过数据仿真对各影响因素进行定量分析,探讨不同情况下,政府、平台型企业和新形态就业者在关于促进就业者职业认同中的博弈策略均衡点。通过渐进稳定分析和仿真模型分析,确定政府、平台型企业和新形态就业者在关于促进就业者职业认同中的行为策略博弈动态变化过程,以及影响博弈系统

稳定策略的相关因素及其作用机理。通过渐进稳定分析中，对动态博弈过程影响具有显著影响的因素，如平台型企业正规运营下的收益U_1，企业不正规运营的收益U_1'；政府对平台型企业监管成本C_1，平台不正规运营对新形态就业者所带来的消极作用D_1，平台型企业不正规运营时被政府查到需要缴纳罚金G。基于模型分析结果：当政府对平台监管的成本小于新形态就业者对政府监管的认可，且平台型企业正规运营收益与正规额外成本之差大于平台型企业不正规收益与损失之差时，系统演化稳定策略为（政府监管，平台型企业正规运营，新形态就业者认同职业），当满足此策略时，系统满足动态博弈中的子博弈完美纳什均衡，是我国在市场管理中应该努力的方向。

7

新形态就业者职业认同的研究启示与对策建议

本研究在刻画新形态就业发展现状及职业认同关键影响因素的基础上，构建出新形态就业者职业认同的前后因变量模型，并进行职业认同利益相关者博弈分析。那么，在管理实践中，管理者可以从哪些方面入手来提高新形态从业人员的职业认同感，促进其工作重塑行为呢？基于上述讨论，本研究认为可以从以下几个方面展开。

7.1 坚定组织支持，提升新形态就业者职业认同

组织支持是塑造员工职业认同的重要外部性因素，可通过加强组织价值渗透、情感支持和工具支持等方式为新形态就业者提供必要的组织支持，从而提升新形态就业者的职业认同。

（1）加强职业价值宣传，督促组织关注员工职业认同

目前大量新形态就业者已成为我国就业队伍的主力军，成为新形态平台企业招收人才的新选择。他们成长于物质生活充裕的时代、自我意识强等特点使得他们在工作投入、学习意识方面与父辈相比存在诸多不足。在信息化、网络化发达的今天，对工作回报的预期也更高，这种期望与实际工作枯燥等特点产生矛盾，导致职业认同水平不高的现状。因此，应当关注新形态就业者职业认同培养，对新入职人员进行培训，加强职业认同教育，并实施激励，提升价值认同。

（2）运用多元化情感支持方式，增强员工组织支持感

企业管理者和人力资源部门应该建立起"关怀"机制，要求组织的高层

管理人员和人事部门从人事管理策略上重视对员工情感上的关怀。如建立公平满意的薪酬体系、公正的晋升系统、颇受欢迎的福利系统等；在各项激励措施中，注意淘汰制度的力度，因为从情感上讲，当员工时刻面临生存危机和下岗威胁的情况，他的内心会产生过多的压力和焦虑，这只会限制人的创造性，尽管下岗淘汰对于员工能起到一定的鞭策作用；鼓励员工参与决策，因为上级对下级的有效授权，不仅使员工有主人翁的感觉，能使得企业在员工的参与下得到许多良好的建议和策略，还可以使上下级之间建立相互依赖的关系，给予员工归属感来降低组织不期望行为的发生。

（3）为员工提供工具性支持、上级支持和同事支持

重视上级支持，企业要加强部门主管的相关考核和监管，使其负起增强下属员工组织支持感的责任，这包括给员工提供工作协助，关心员工的职业发展，帮助员工进行职业生涯规划，信任和尊重员工，安排工作任务时考虑个人特点，分配和评优、晋升时一视同仁。重视工具性支持，企业要为员工提供必要的工作条件，包括设备、技术、人员支持。如果缺少必要的工作条件，再能干的员工也无法正常开展自己的工作。重视同事支持，企业可以通过企业文化建设把同事互帮互助的概念融入员工心中，也可以通过各种活动，如旅游、化装舞会等，加强同事之间的交流，进而提高同事支持。

7.2 促进工作重塑，提升新形态就业者职业认同

由数据分析结果可以看出，新形态从业人员的组织支持感对其职业认同有直接的积极影响，同时，新形态从业人员感知组织支持还正向影响其工作重塑行为，而工作重塑行为又正向影响其职业认同。通过进一步的假设与探究，还可以得出结论，新形态从业人员工作重塑行为在其组织支持感和职业认同关系中起中介作用。为此，本书拟从密织多功能组织支持网络与创新多样化工作重塑方式两方面提出促进工作重塑的建议。

（1）密织多功能组织支持网络

组织支持感对新形态从业人员的职业认同有显著的积极影响，这为管理者提升新形态就业者的职业认同提供了新的思路。鉴于此，管理者可以多方

位、多途径提高新形态就业者的组织支持感和职业认同。已有研究表明，公平公正的组织氛围、良好的组织文化是影响员工组织支持感的主要因素（金星彤，2018）。因此，管理者一方面可以努力改善或营造公平公正的工作环境、注重奖励惩罚以及晋升等与职工利害相关事宜的公平性与公开性。管理者还可以多渠道地加强对员工工作方面的支持，以确保员工有足够且适当的工作资源。此外，适当提高员工的福利待遇、加强上下级的沟通，促进同级同事之间的交流与合作，关注员工需求及不满情绪等也是提高员工组织支持感的重要途径。

值得注意的是，新形态就业者与传统行业就业者从业环境不尽相同，新形态就业是在互联网技术、大数据、云计算等数字经济的基础上发展而来的，行业环境尚处在不断探索阶段，工作性质也更加复杂灵活，工作呈现弹性化、边界模糊化、劳动关系多元化等特点，因此新形态就业领域的各项保障性措施仍然不够完善，存在较多争议。因此，管理者可以加强对新形态从业人员劳动权益的保护、完善新形态从业人员社会保险体系以及失业保障制度，相关部门制定并出台相关的社会政策措施给予新形态从业人员心理安全保障，实现新形态就业与政府、企业等各方面保障的良性互动。

（2）创新多样化工作重塑方式

本研究结论表明，新形态从业人员的工作重塑行为可以作为近端且可控的影响因子中介其组织支持感和职业认同的关系，而且对于工作自由度较大、工作时间灵活、工作无明显边界感的新形态就业者来说，主动进行工作重塑的重要性尤其突出。因此，促进新形态从业人员的工作重塑行为也能够起到关键作用。组织应及时的关注员工工作需求，及时向员工提供支持性资源，为员工的工作重塑行为奠定资源基础，创造机会和条件。已有研究表明，对结构性的资源的重塑行为最能影响员工的职业成功（温玉娟，2020）。鉴于此，管理者应该注重结构性资源的供给，如知识、技能等的加强和培训，并引导鼓励新形态从业人员进行结构性资源工作重塑行为。另外，由于新形态就业在工作形式和工作内容等方面呈现多元化的特点，且不同领域的从业人员在知识结构、技能水平、职业素养等方面存在差异，因此，除了依靠新形态就业者个人的工作重塑行为，管理者可以根据员工特点和组织现实情况进行工作重塑行为干预。例如，对于那些能力尚需提高、教育背景与工作目标存在一定差距的员工，管理者可以为其设计制定针对性的培训课程，条件和资源允许的企业还可以在了解员工情况的基础上为其制订量身打造的工作重塑计划，并督促和协助其完成，使其通过工作重塑行为获得工作价值感、意义感，增强身份认可，提高职业认同。

7.3 提升组织感情承诺、理想承诺、规范承诺，降低员工离职倾向

新形态就业背景下，为了充分调动员工工作积极性，提升从业人员的职业认同感，进而减少员工离职现象的发生，拟从工作满意度与心理所有权两方面入手，加强企业的人力资源建设。

7.3.1 重视经济承诺和机会承诺，提升员工工作满意度

（1）完善工资薪酬，调动员工热情

工资是充分调动员工工作积极性最为直接的手段，也是提升其工作满意度的有效方式。企业人力资源管理者要制定更为合理的员工收入计划，改善现有的收入分配方案，要做到外部公平与内部公平合理兼顾；薪酬标准要具有吸引力和竞争力，既能提升本企业员工满意度，减少离职现象，亦能吸引竞争对手的核心员工跳槽；合理调整基本工资、津贴、奖金和各种福利的构成比例；不同部门、不同职位的工作要拉开差距，充分发挥薪酬积极性，建立合理的激励制度，应奖尽奖，当罚则罚，确保职工队伍团结。

（2）拓宽晋升渠道，加强人员培训

公平对待员工做出的贡献，根据贡献程度大小对其岗位进行合理提升，是确保职工满意度的重要方式之一。企业要想提升员工满意度，需要为员工提供更加公开透明的晋升道路，让那些为企业发展做出突出贡献，职业能力有了重大突破的人去担任更高级的职务；与此同时要实施职务职称公开透明制，让员工清楚了解职务晋升需要何种条件，做出何种贡献，激发员工的工作积极性；为了确保员工有能力晋升，符合晋升岗位的相关要求，企业应当建立起科学完善的人员培训制度，可采取定期培训与不定期培训相互结合的

方式，合理评价员工的能力变化，对于培训中表现突出，能力大幅提升的员工要及时进行奖励，考核合格后可酌情提升其工作等级，进而增强其工作满意度。

7.3.2 侧重感情承诺与理想承诺，提升心理所有权

（1）构建良好组织文化，弘扬组织核心价值观

组织文化是在长期的社会实践活动中形成的并且被组织成员普遍认可和遵循的具有本组织特色的价值观念、团体意识、工作作风、行为规范和思维方式的总和。管理者要在日常工作中言传身教，拓宽组织文化的传播途径，自觉表现出与自己倡导的价值观和行为准则相适应的行为选择；强化员工的职业认同感，宣传组织文化的内容和精要，以创造浓厚的环境氛围，培养和树立典型，加强相关培训教育；要注重组织价值观的塑造，切实调查组织员工的认可程度和接纳程度，选择组织文化价值观时要发挥员工的创造精神，认真听取员工的各种意见。

（2）鼓励基层参与管理，增强员工归属感

通过扩大基层员工自主权，鼓励员工参与管理，有利于增强其主人翁意识，确保其参与权与知情权，促使其将组织视作自己的第二个"家"。可通过员工持股计划，将企业的股份出售给普通员工，使得有能力的人加入企业的管理运营中；确保信息渠道的畅通，使得上级下达的指令能够及时传递到基层，基层所提出的管理建议也能够被高层所熟知，进而根据基层建议进行修改完善；在扩大员工参与管理力度同时，加强企业内部的管理控制，心理所有权的非均衡发展会导致员工行为偏离组织目标，产生职务越权、人浮于事、效率低下等问题，加强组织内部控制是增强心理所有权的必然措施。

7.4 构建职业能力数字化监测平台，营造包容性企业文化氛围

由利益相关者演化博弈与系统仿真结果可知，政府有效监管和平台企业强化激励是提升新形态就业者职业认同的重要外部性因素，因此，应从政府监管与企业培育两个视角入手，积极打造职业能力数字化监测平台、培育沉浸式企业文化。

（1）科学打造职业能力数字化监测平台

复制动态演化博弈模型分析结果显示，利益相关者的行为策略与政府的监管力度密切相关，为此，各级就业部门应构建数字化职业能力监测平台，利用大数据充分识别新形态就业者的职业发展潜能，从而实时调整就业监管的弹性，使政府、平台企业和新形态就业者能够实现纳什均衡，进而从宏观层面为培育员工职业认同提供良好的环境。同时，各平台企业应定期对新形态就业者的职业认同度进行测评，强化过程管理，对新形态就业者进行引导，使其能够自主否建自身职业名片，完善职业关系网，尽快提升职业认同度，从而激发新形态就业者的创新潜能。

（2）积极培育沉浸式企业文化

系统仿真结果显示，政府监管，平台型企业正规运营，新形态就业者认同职业是系统演化的稳定策略。为此，平台企业在运营过程中应严格遵守相关法律法规和道德底线，这是最基础的要求，不能抱有侥幸心理而打法律"擦边球"，损害新形态就业者的基本权益，从而挫伤其职业认同度。在正规运营的基础上，通过提升平台企业的社会化程度，使新形态就业者能够深刻认知自身在组织中多扮演的角色，从而使自身职业发展与平台企业进步融为一体，树立与平台企业共同发展的价值观。沉浸式企业文化应与员工职业生涯密切结合，平台企业可以采取"伴随策略"，安排经验丰富的老员工为新入职的员工提供贯穿工作全过程的一对一辅导，迅速拉近新老员工之间的熟悉度，从而增加新入职新形态就业者的职业认同度。此外，创新信息沟通方式实现员工自由沉浸，充分利用微信、微博、抖音等新媒体平台将组织的价值观、目标、规范等精确传达至各位成员，提升员工的工作热情与自信，从组织层面提升员工职业认同度。

8

研究结论及展望

8.1 研究结论

基于一手调研数据，本书在刻画新形态就业发展现状及职业认同关键影响因素的基础上，构建出新形态就业者职业认同的前后因变量模型，并进行了职业认同利益相关者博弈分析，在此基础上，紧扣研究结论，有针对性地提出提升新形态就业者职业认同的对策建议，主要研究结论如下：

第一，新形态就业发展现状进行了总体摸排，并对我国新形态就业职业认同初步尝试探索性访谈。目前，我国新形态行业发展形势猛烈，不断涌现出很多新形态职业类型，主要聚焦于网约车和外卖领域。在对新形态就业者职业认同水平的调查基础上，对调研对象的年龄、学历、从事新形态就业的相关年限、从事新形态就业的职业类型等进行总体把握。分析结果表明各指标值分布较为广泛，调研数据具有一定的代表性。访谈结果表明组织支持感、离职倾向、心理所有权等变量受到大多数访谈对象关注。

第二，新形态从业人员感知组织支持对其职业认同感具有显著的正向预测作用。这一结论表明，新形态就业环境中，尽管组织边界的概念相较于传统工作组织有所淡化，但组织支持感仍然能够作为工作环境中关键性的支持性工作资源，对新形态从业人员的职业认同感起到积极的促进作用，工作环境中的归属感、依附感、支持力，依然是促进员工职业认同的重要因素。工作重塑行为在新形态从业人员组织支持感和职业认同的关系中起中介作用，且为部分中介作用。也就是说，组织支持感不仅能够直接影响职业认同，而且能够通过工作重塑行为间接影响职业认同。因此，工作重塑行为可以作为可控的近端影响因子，为管理者提升新形态从业人员职业认同提供新的借鉴。

第三，新形态就业者的职业认同与离职倾向呈显著负相关关系。新形态就业作为新经济、新技术背景下产生的一种全新的就业形式与劳动交换方式，展现出强大的就业机会创造力与就业吸纳能力，创造出更多灵活就业岗位，劳资关系呈现松散性与灵活性，劳动者不再作为"单位人"就业，更多的是通过信息技术、平台或是与市场细分领域的连接实现就业，去组织化特征显著。如何让员工提升员工职业认同并且全身心地投入到工作中成为解决新形态就业背景下离职率居高不下的关键问题。其次，工作满足感在员工职业认同与员工离职倾向之间起中介作用。当员工工作满意度较高时，更有利于防止资源损失并建构积极的身心资源，进而降低员工离职倾向，形成资源增益螺旋。职业认同通过提升工作满意度，这种积极的能量资源源于对工作环境的喜爱与热情，促使员工将剩余的能量投入工作，最终降低员工离职倾向。最后，心理所有权调节新形态就业者职业认同和离职倾向之间的关系，当员工认识到组织是属于自己的，才愿意为了"自己的组织"主动付出更多热情和投入（科研管理），进而促进员工形成更有利于组织的工作态度和行为（工具性交换），降低离职倾向。

第四，通过构造复制动态演化博弈模型分析利益相关者的行为策略，结果表明，政府、平台和新形态就业者三个核心利益主体相互影响，相互制约。政府是新形态就业平台企业的主要监管方，其监管力度是平台企业的主要约束来源。政府的合理监管能够显著促进平台企业合法运营，提升新形态就业员工对平台企业的认同感，长远看将不利于整个劳动市场的发展与完善。影响新形态就业者的因素错综复杂，通过数据仿真对各影响因素进行定量分析，进一步探讨政府、平台型企业和新形态就业者在关于促进就业者职业认同中的博弈策略均衡点。结果显示，政府监管，平台型企业正规运营，新形态就业者认同职业是系统演化的稳定策略。也就是说，从长久来看，政府对平台监管的成本小于新形态就业者对政府监管的认可，且平台型企业正规运营收益与正规额外成本之差大于平台型企业不正规收益与损失之差时，系统将达到动态博弈中的子博弈完美纳什均衡。

8.2 研究不足

基于一手调研数据，本研究在刻画新形态就业发展现状及职业认同关键影响因素的基础上，构建出新形态就业者职业认同的前后因变量模型，并进行了职业认同利益相关者博弈分析。受制于客观因素与研究者自身水平等，本研究仍存在一些局限，有待进一步拓展研究。

其一，本研究已针对新形态就业主流职业类型进行了深度访谈及取样调研，因问卷收集周期所限，收集的有效样本量有限，虽能够满足论文建模需要，但尚未覆盖到人社部已认定的所有职业类型。针对新涌现的新职业类型，将继续进行问卷数据收集，不断充实新形态就业者职业认同研究数据库，为下一步深化研究储备数据资料。

其二，本研究构架了新形态从业人员组织支持感对其职业认同影响的模型，从多理论视角出发检验了组织支持感对其职业认同的正向预测作用以及工作重塑行为在组织支持感和职业认同之间的中介效应。受制于客观因素和研究者自身水平等，本研究仍存在一些局限性。本研究在选取新形态从业人员职业认同的影响因素时，综合考量了新形态职业工作特质和理论逻辑，选取对工作者具有核心价值的组织支持感以及能够在一定程度上弥补传统工作设计不足的工作重塑行为引入模型，作为本研究职业认同的主要前因变量。但是新形态就业具有多元化的显著特质，其影响因素也必然是多样性的。从不同的研究视角和理论视角看待职业认同，变量选取或许会存在差异，变量之间的互动关系也可能对职业认同产生影响，这一点有待在未来的研究中进一步探讨。

其三，本研究基于新形态就业背景，检验了心理所有权、工作满意度在就业者职业认同对离职倾向影响机制中的中介作用与调节作用，但并未检验员工心理所有权对工作满意度的影响，即有调节的中介效应检验，员工心理所有权产生变化时，员工工作满意度在职业认同与离职倾向关系中的中介作用会有怎样变化，工作满意度的中介作用是否仍然显著，也是未来研究一个有趣的议题。

8.3 研究展望

  从事新职业的新形态就业者职业认同是我国平台型等新形态企业人力资源管理领域涌现出的崭新问题，亦是焦点问题，在学界属于有待深入发掘的处女地，已有研究涉猎较少。本研究针对我国新形态就业者职业认同现状、部分前因、后果及主要利益相关者博弈进行了串联研究，提出了一系列有助于提升新形态就业质量及灵活用工管理水平的实操性对策建议。在此基础上，将尝试从以下几方面展开后续研究。

  第一，随着新形态就业的快速发展，新形态就业者职业认同的核心前因与后因变量也将发生变化。在扩大调研范围并不断累积一手调研数据的基础上，拟遴选具有显著影响的其他前后因变量进行建模分析，进一步丰富新形态就业者这一特殊群体职业认同影响因素及效应因素体系，更为深入地挖掘新形态就业者职业认同的心理机制与行为准则。

  第二，数字经济迅捷发展叠加新冠疫情催生了大量新职业，其中不乏新奇职业，现有研究尚未完全囊括所有新兴职业。基于人社部发布的新职业目录，拟将职业认同的研究范围延展覆盖至更多新职业。随着从事新职业的人数增加，分门别类地针对新职业（包括小众职业）的职业认同进行细化研究，分析不同职业类型的认同差异及影响因子。

  第三，新形态就业者的职业认同感关系到劳动者的职业积累性及职业生涯规划，也关系到新形态就业者的工作尊严与获得感。灵活就业主要指就业形式的灵活机动性更强，而不是闪电离职及过于频繁的工作置换，导致技能与经验积累不接续。研究结果表明，相较于传统就业，新形态就业者的离职倾向更高，针对以上问题，本研究已从静态视角针对用人单位、政府相关部门等多方利益相关者进行行为选择与决策分析，为宏观管理者（如人社部门）及微观管理者（如平台企业人力资源部门）的管理决策提供对策建议。下一步拟从动态视角，依据新职业的发展变化，对新形态就业者职业认同的发展趋势进行预测研究，进而探索新职业的产生、发展及衰亡规律。

附录1 调研问卷

尊敬的女士/先生：

您好！首先衷心感谢您参与本问卷调查！感谢您百忙之中予以协助支持！本问卷用于匿名调查，不会显示个人信息，调查结果仅用于学术研究。答案没有对错好坏之分，您回答的客观性和真实性对调查工作非常重要，请您按照选项要求根据自身真实感受或想法填写。再次感谢您的热忱帮助！

第一部分：基本情况。

1. 您的性别：A. 男　B. 女

2. 婚姻状况：A. 已婚　B. 未婚

3. 您的年龄：A. 22岁以下　B. 23～30岁　C. 31～40岁　D. 41～50岁 E. 51～60岁　F. 60岁以上

4. 您从事新形态就业相关职业的年限：A. 不满1年　B. 1～3年　C. 4～7年 D. 8年及以上

5. 您的学历：A. 高中、中专及以下　B. 大专及本科　C. 研究生及以上

6. 您所在的行业领域：A. 交通出行服务　B. 餐饮服务　C. 文体娱乐　D. 医疗服务　E. 住宿服务　F. 教育与培训服务　G. 其他

7. 您的职业类型：A. 网约车司机或代驾司机　B. 外卖员　C. 网络主播　D. 互联网医疗　E. 共享住宿　F. 线上教育培训　G. 其他

第二部分：请您根据您的实际情况回答以下问题，答案没有对错好坏之分，真实填写即可。数字"1—5"分别代表："1非常不符合""2不符合""3一般""4符合""5非常符合"，请根据您的真实感受在方格中打钩"√"。

	1	2	3	4	5
A1我现在从事的工作内容与我的期望相符合					
A2我从事的工作让我感到很自豪					
A3我对我目前的工作状态感到满意					
A4我目前的工作是我的自我形象中很重要的一部分					
A5我非常认同我所从事的工作					
B1我对公司有很强的拥有感					
B2我觉得这是我的公司					
B3这是大家的公司					
B4在这家公司工作的大多数人都觉得自己拥有这家公司					
C1我对目前的工作相当满意					
C2大多数日子我对工作都很有热情					
C3每天的工作好像没有尽头					
C4我从工作中找到真正的乐趣					
C5我认为我的工作相当不愉快					
D1一旦我能找到更好的工作，我就会离开现在的公司					
D2我正在寻找新的工作					
D3我正认真考虑辞职，我经常想辞去我现在的工作					
D4我想五年后我还会在现在的公司工作					
E1我会努力提升自己的能力					
E2我尝试减少来自工作的心理压力					
E3我会关注我的上司是否满意我的工作					
E4我会主动参与我感兴趣的新工作项目					

	1	2	3	4	5
E5我会向同事寻求建议					
F1当我遇到问题时，公司会帮助我					
F2公司会关心我的待遇及福利问题					
F3当我有特殊需要时，公司愿意帮助我					
F4如果有合适的机会，公司会让我充分发挥优势					
F5公司会关注我的意见					

附录2　探索性访谈提纲

1. 您在工作或生活中遇到困难时，单位会帮助你吗？
2. 单位关心您的个人感受和职业发展吗？
3. 所在单位会为您提供工作所需的相关培训或其他支持吗？
4. 当您遇到困难时，同事会为您提供帮助吗？
5. 您考虑过在五年内离开现在所在单位吗？
6. 您对现在的职业感到满意吗？
7. 你的家人如何看待你的职业？
8. 你对职业生涯有长期规划吗？

参 考 文 献

［1］Kittur. A，Nickerson. J. V，Bernstein. M. S，et al. The Future of Crowd Work［C］. Conference on Computer Supported Cooperative Work，2013，02（1）：1 301-1 318.

［2］Connelly. C. E，Gallagher. D. G. Emerging Trends in Contingent Work Research［J］. Journal of Management，2004，30（6）：959-983.

［3］Jeppesen. L. B，Lakhani. K. R. Marginality and Problem Solving Effectiveness in Broadcast Search［J］. Organization Science，2013，21（5）：1 016-1 033.

［4］Lowe. Digital Nomads：Employment in The Online Gig Economy［J］. Journal of Culture，Politics and Innovation，2018，1（02）：1-26.

［5］Stefano. V. D. The Rise of The "Just-in-Time Workforce" On-Demand Work，Crowdwork and Labor Protect- ion in the "Gig-economy"［J］. Social Science Electronic Publishing，2016，37（03）：461-471.

［6］Schor. J. B，Walker. E. T，Lee C. W，et al. On the Sharing Economy［J］. Contexts，2015，14（1）：12-19.

［7］Bonnet F，José B，FIGUEIREDO，Standing G. A Family of Decent Work Indexes［J］. International Labour Review，2010，142（2）：213-238.

［8］Belk，Russell. Sharing Versus Pseudo-Sharing in Web 2.0［J］. The Anthropologist，2014，18（1）：7-23.

［9］Howe. J. The Rise of Crowdsourcing［J］. Wired Magazine，2006，14：161-165.

［10］Brabham. D. C. Crowdsourcing as A Model for Problem Solving an Introduction and Cases［J］. Convergence the International Journal of Research into New Media Technologies，2008，14（1）：75–9.

［11］Kleemann. F，Günter，Rieder. K. Unpaid Innovators：The Commercial Utilization of Consumer Work Through Crowdsourcing［J］. Science，Technology and Innovation Studies，2008，12（03）：16–18.

［12］Lilien. G. L，Morrison. P. D，Searls. K，et al. Performance Assessment of The Lead User Idea–Generation Process for New Product Development［J］. Management Science，2002，48（8）：1 042–1 059.

［13］Mandl. I，Curtarelli. M. Crowd Employment and ICT–Based Mobile Work—New Employment Forms in Europe［M］. Policy Implications of Virtual Work. Berlin：Springer International Publishing，2017.

［14］Doan. A. H，Ramakrishnan. R，Halevy. A. Y. Crowdsourcing Systems on The Word–Side Web［J］. Communi cations of The ACM，2011，54（4）：86–96.

［15］Utz. J. What Is A "Gig"？Benefits for Unexpected Employees［J］. Practical Lawyer，2016，62（3），19–33.

［16］Postigo. H. From Pong to Planet Quake：Post–Industrial Transitions from Leisure to Work［J］. Information Communication and Society，2003，6（4）：593–607.

［17］Irani. L. C，Silberman. M. S. Stories We Tell About Labor：Turkopticon and The Trouble with "Design"［C］. Chi Conference on Human Factors in Computing Systems，2016，05：4 573–4 586.

［18］冯子健. 基于BP神经网络的铁路货运安全风险评价研究［J］. 中国安全科学学报，2018，28（S1）：178–185.

［19］何勇. 新就业形态下基于势科学视角的大学生就业力提升路径研究［J］. 武汉职业技术学院学报，2020，19（02）：95–98.

［20］Wittel. A. Digital labor：the Internet as Playground and Factory［J］.

Information Communication &Society, 2014, 17（7）: 144-145.

［21］段从宇. 创业教育的内涵、要素与实现路径［J］. 新疆师范大学学报（哲学社会科学版），2016，37（06）：43-51.

［22］Sun. L，Mock. S. J. Crossing Boundaries in Information Systems Research［J］. Journal of Management In-formation System，2006，22（4）：7-11.

［23］Oberstein T J，Utz J，Spitzer P，et al. The Role of Cathepsin B in the Degradation of Aβ and in the Production of Aβ Peptides Starting With Ala2 in Cultured Astrocytes［J］. Frontiers in Molecular Neuroscience，2021，13：615-740.

［24］郭荣丽，郭秀红. 新就业形态视阈下对公共就业服务问题的思考［J］. 商业经济，2017（12）：109-111.

［25］The European Commission. Task Force on The Measurement of Quality of Employment. "Measuring Quality of Employment Country Pilot Reports"［P］. United Nations Geneva，2016：59-62.

［26］Roy Rothwell，Walter Zegveld. Reindusdalization and Technolog［M］. London：Logman Group Limited，1985：83-104.

［27］曹迪，袁杰. 适应大学生创客的小微创业项目孵化运营模式优化研究［J］. 科技创业月刊，2017，30（21）：43-46.

［28］胡璨. 创客教育及其对我国高等体育院校创新创业教育的启示［D］. 成都：成都体育学院，2018：102-110.

［29］黄兆信，赵国靖，唐闻捷. 众创时代高校创业教育的转型发展［J］. 教育研究，2015，36（07）：34-39.

［30］刘涛. 电子化时代的社会保障：新经济与"去形态化福利"——以德国工业4.0为例［J］. 社会政策研究，2018（02）：67-78.

［31］曹兆文. 国际劳工组织体面劳动衡量指标探要［J］. 人口与经济，2011（6）：57-61.

［32］冯子健. 基于BP神经网络的铁路货运安全风险评价研究［J］. 中国

安全科学学报，2018，28（S1）：178-185.

［33］Glöss，Mareike，Mcgregor. M，Brown. B. Designing for Labour：Unber and The On-Demand Mobile Work-force［C］. Chi Conference on Human Factors in Computing Systems，2016，54-60.

［34］Harmon. E. M，Silberman. Rating Working Conditions on Digital Labor Platforms［J］. Computer Support-ed Cooperative Work，2018.27（03）：1 275-1 324.

［35］Bergvall-KaReborn B，Howcroft. Amazon Mechanical Turk and The commodification of Labour［J］. New Technology，Work and Employment，2014，29（3）：213-223.

［36］Hamari. J，Mimmi. S，Ukkonen. A. The Sharing Economy：Why People Participate in Collaborative Consumption［J］. Journal of The Association for Information Science and Technology，2016，67（9）：2 047-2 059.

［37］Ettlinger. N. The Governance of Crowdsourcing：Rationalities of The New Exploitation［J］. Environment and Planning A，2016.48（2）：2 162-2 180.

［38］Satter. M. Y. Gig Economy Damages Financial Wellness，Retirement Benefits Selling［N］. Breaking News，2017（18-23）.

［39］程坤. 公共政策对高质量就业的影响研究［D］. 黑龙江：哈尔滨商业大学，2017，54-59.

［40］Ashford. S. J，George. E，Blatt. R. Old Assumptions，New Work：The Opportunities and Challenges of Re-search on Nonstandard Employment［J］. The Academy of Management Annals，2007，（01）：65-117.

［41］张宪民，严波. 互联网新形态平台企业就业形态调查及探析［J］. 中国劳动，2017（08）：14-19.

［42］Goltz，Heather Honoré，and Matthew Lee Smith：Forming and

Developing Your Professional Identity：Easy as PI，Health Promotion Practice，2014，15（6）：785–789.

[43] GUAN Y J，YANG W G，ZHOU X，et al. Predicting Chinese Human Resource Managers'S trategic Competence：Roles of Identity，Career Variety，Organizational Support and Career Adaptability [J]. Journal of Vocational Behavior，2016，92：116–124.

[44] WEN Y R，ZHU F，LIU L. Person–organization Fit and Turnover Intention：Professional Identity as A Moderator [J]. Social Behavior and Personality：An International Journal，2016，44（8）：1 233–1 242.

[45] 方明军，毛晋平. 我国大学教师职业认同现状的调查与分析 [J]. 高等教育研究，2008，29（7）：56–61.

[46] 魏淑华，宋广文. 国外教师职业认同研究综述 [J]. 比较教育研究，2005（5）：61–66.

[47] HIRSCHY A S，WILSON M E，LIDDELL D L，et al. Socialization to Student Affairs：Early Career Experiences Associated with Professional Identity Development [J]. Journal of College Student Development，2015，56（8）：777–793.

[48] Trybou J，Gemmel P，Pauwels Y，et al. The Impact of Organizational Support and Leader–member Exchange on The Work–related Behavior of Nursing Professionals：The Moderating Effect of Professional and Organizational Identification [J]. Journal of Advanced Nursing，2014，70（2）：373–382.

[49] 赵红，张彩云，路迢迢，等. 6所三级甲等医院护士职业认同状况调查 [J]. 护理学报，2011，18（4A）：27–30.

[50] Garcia–Falières A，Herrbach O. Organizational and Professional Identification in Audit Firms：An Affective Approach [J]. Journal of Business Ethics，2015，132（4）：753–763.

[51] SONNY A，MA J，CONFIDENCE H，et al. Re–entry Adjustment

and Job Embeddedness：The Mediating Role of Professional Identity in Indonesian Returnees〔J〕. Frontiers in Psychology，2018，13（06）：56-62.

〔52〕王惠卿. 社会工作者职业认同的结构与测量〔J〕. 四川理工学院学报（社会科学版），2013（04）：17-21.

〔53〕赵红，路迢迢，张彩云，等. 护士职业认同量表中文版的信度与效度研究〔J〕. 中国护理管理，2015，10（11）：49-51.

〔54〕WANG C H，XU J H，ZHANG T T，et al. Effects of Professional Identity on Turnover Intention in China's Hotel Employees：The Mediating Role of Employee Engagement and Job Satisfaction〔J〕. Journal of Hospitality and Tourism Management，2020（45）：10-22.

〔55〕ZHAO J，KONG F and WANG Y. The Role of Social Support and Self-esteem in The Relationship Between Shyness and Loneliness. Personality and Individual Differences，2013，54（5）：577-581.

〔56〕Nygren，G. Stigbrand，K. The Formation of a Professional Identity〔J〕. Journalism Studies，2014，13（09）：59-63.

〔57〕Slay，Holly S.，Delmonize A. Smith：Professional Identity Construction：Using Narrative to Understand〔C〕. The Negotiation of Professional and Stigmatized Cultural Identities，Human Relations. 2011，64（1）：85-107.

〔58〕ZHANG W，MENG H，YANG S，et al. The Influence of Professional Identity，Job Satisfaction，and Work Engagement on Turnover Intention Among Township Health Inspectors in China〔J〕. International Journal of Environmental Research and Public Health，2018，16（05）：89-96.

〔59〕Reynolds C R，Frank E，Kupfer D J，et al. Treatment Outcome in Recurrent Major Depression：A Post Hoc Comparison of Elderly（"Young Old"）and Midlife Patients〔J〕. American Journal of Psychiatry，1996，153（10）：1288.

［60］BARTELS J，PETERS O，de JONG M，et al. Horizontal and Vertical Communication as Determinants of Professional and Organizational Identification［J］. Personnel Review，2010，39（2）：210-226，

［61］Berg，Hendrik，Van，et al. Does Annual Real Gross Domestic Product per Capital Overstate or Understate the Growth of Individual Welfare over the Past Two Centuries?［J］. Independent Review，2002（06）：111-115.

［62］宋广文，魏淑华.影响教师职业认同的相关因素分析［J］.心理发展与教育，2006（01）：80-86.

［63］陈杰，路潜，英圣艳，等.护士职业认同感、工作压力和满意度及离职意愿调查［J］.中国护理管理，2012，12（006）：43-46.

［64］Mao A M，Lu S，Lin Y，et al. A scoping review on the influencing factors and development process of professional identity among nursing students and nurses［J］. Journal of Professional Nursing，2020（37）：391-398.

［65］Bamber E M，Lyer V M. Big 5 auditors" professional and organizational identification：Consistency or conflict?［J］. Auditing：A Journal of Practice & Theory，2020，21（2）：21-38.

［66］Moore M，Hofman J E. Professional identity in institutions of higher learning in lsrael［J］. Higher Education，1998，17（1）：69-79.

［67］魏淑华，宋广文. 国外教师职业认同研究综述［J］.比较教育研究，2005（5）：61-66.

［68］刘玲.护士职业认同水平及其与工作压力，职业倦怠的相关研究［D］.上海：第二军医大学，2009.

［69］Kremer S，Raskin J F. A Game-Based Verification of Non-Repudiation and Fair Exchange Protocols［C］. Proceedings of the 12th International Conference on Concurrency Theory. Berlin：Springer Berlin Heidelberg，2002（02）：11-17.

［70］Lio，D. Opposite effects of interleukin 10 common gene polymorphisms in cardiovascular diseases and in successful ageing：genetic background of male centenarians is protective against coronary heart disease［J］. Journal of Medical Genetics，2004，41（10）：790-792.

［71］穆桂斌，张春辉. 大学教师人格特质、职业认同与工作绩效的关系研究［J］.河北大学学报（哲学社会科学版），2012，37（5）：136-140.

［72］张宁俊，朱伏平，张斌. 高校教师职业认同与组织认问：理论与实证研究［M］.成都：西南财经大学出版社，2013.

［73］Johnson M D，Morgeson F P，Ilgen D R，et al. Multiple professional identities：Examining differences in identification across work-related targets［J］. Journal of Applied Psychology，2006，91（2）：498-506.

［74］Garcia-Falières A，Herrbach O. Organizational and Professional Identification in audit firms：An affective approach［J］. Journal of Business Ethics，2015，132（4）：753-763.

［75］Nixin J. Professional identity and the restructuring of higher education［J］. Study in Higher Education，1996，21（1）：5-16.

［76］姚树伟，谷峪. 高职院校发展动力因素与机制研究——基于利益相关者视角［J］.教育理论与实践，2014，34（15）：18-20.

［77］卢晶. 我国高校教师专业发展影响因素的实证研究——基于利益相关者视角［J］.吉林省教育学院学报，2020，36（05）：31-36.

［78］郭薇，陈晨，周明洁. 精神科医护人员职业倦怠与家庭工作增益及职业认同的关系［J］.护理学杂志，2017，32（23）：65-67.

［79］Cristina Navarro，Angeles Moreno，Fahed Al-Sumait.Social media expectations between public relations professionals and their stakeholders：Results of the ComGap study in Spain［J］. Public Relations Review，2017，43（4）：700-708.

［80］David J. Provan，Sidney W. A. Dekker，Andrew J. Rae.Benefactor or burden：Exploring the professional identity of safety professionals [J]. Journal of Safety Research，2018（66）：21–32.

［81］王娟. 高质量发展背景下的新就业形态：内涵、影响及发展对策 [J].学术交流，2019（03）：131–141.

［82］张成刚. 就业发展的未来趋势，新就业形态的概念及影响分析 [J].中国人力资源开发，2016（19）：86–91.

［83］郭荣丽，郭秀红. 新就业形态视阈下对公共就业服务问题的思考 [J].商业经济，2017（12）：109–111.

［84］葛萍.新就业形态下工会维权探析 [J].山东工会论坛，2017，23（06）：1–7.

［85］朱松岭.新就业形态：概念、模式与前景 [J].中国青年社会科学，2018，37（03）：8–14.

［86］OECD. New Forms of Work in the Digital Economy [R]. OECD Digital Economy Papers，No.260，2016. OECD Publishing，Paris.

［87］James Manyika，Susan Lund etl. Independent Work：Choice，Necessity，and the Gig Economy [J]. Research Policy，2016（10）：11–15.

［88］Stefano，V D. The Rise of the "Just–in–time Workforce"：on-demand Work，Crowdwork and Labor Protection in the "Gig-economy"[J]. Social Science Electronic Publishing，2016，37（03）：461–471.

［89］Blau G J. The measurement and prediction of career commitment [J]. Journal of Occupational Psychology，1985（58）：277–288.

［90］Meyerjp，Allen N J，Smith C A. Commitment to organizations and occupations：Extension and test of a three–component model [J]. Journal of Applied Psychology，1993（78）：538–551.

［91］Gaziel H H. Sabbatical leave，job bumnout and turnover intentions among teachers [J]. International Journal of lifelong Education，

1995, 14（4）: 331-338.

[92] NIXIN J. Professional identity and the restructuring of higher education [J]. Study in Higher Education, 1996, 21（1）: 5-16

[93] Fugate M, Kinicki A J, Ashforth B E. Employability: A psychosocial construct, its dimensions and applications [J]. Joumal of Vocational Behavior, 2004, 65（1）: 14-38.

[94] Mael F, Ashorth B E, Loyal from day one: Biodata, organizational identification, and turnover among newcomers [J]. Personnel Psychology, 1995, 48（2）: 309-333.

[95] Moore M, Hofman J E. Professional identity in institutions of higher learning In lsrael [J]. Higher Education, 1998, 17（1）: 69-79.

[96] Schneider B, Hall D T, Nygren H T. Self image and job characteristics as correlates of changing organizational identification [J]. Human Relations, 1971（24）: 397-416.

[97] Kremer L, Hofman J E. Teachers' professional identity and burnout [J]. Research in Education, 1981（34）: 89-95.

[98] Brickson S. The impact of identity orientation on individual and organizational outcomes in demographically diverse settings [J]. Academy of Management Review, 2020, 25（1）: 82-101.

[99] Eisenberger R, Fasolo P, Davis-Lamastro V. Perceived Organizational Support and Employee Diligence, Commitment, and Innovation [J]. Journal of Applied Psychology, 1990, 75（1）: 51-59.

[100] Eisenberger R, Huntington R, Hutchison S, et al. Perceived organizational support [J]. Journal of Applied Psychology, 1986（71）: 500-507.

[101] Ashforth B. E, Kreiner G. E. How Can You Do It? Dirty Work and the Challenge of Constructing a Positive Identity [J]. Academy of Management Review, 1990（08）: 413-434.

［102］Wrzesniewski A，Dutton J. E. Crafting a Job：Revisioning Employees as Active Crafters of Their Work［J］. Academy of Management Review，2001（09）：179-201.

［103］李锐，凌文栓，方俐洛. 上司支持感知对下属建言行为的影响及其作用机制［J］. 中国软科学，2010，（4）：106-115.

［104］Karatepe，Osman M. Do personal resources mediate the effect of perceived organizational support on emotional exhaustion and job outcomes?［J］. International Journal of Contemporary Hospitality Management，2015（09）：188-209.

［105］张婕，樊耘，张旭. 组织变革中的情绪唤起及其影响机制研究［J］. 管理评论，2016，28（3）：126-138.

［106］胡睿玲，田喜洲. 重构工作身份与意义——工作重塑研究述评［J］. 外国经济与管理，2015，37（10）：69-81.

［107］Dutton W J E. Crafting a Job：Revisioning Employees as Active Crafters of Their Work［J］. Academy of Management Review，2001，26（2）：179-201.

［108］杨勇，刘子琪，曹井柱. 心理弹性、工作重塑对创造力和创意实施行为的作用机制——基于服务业情境研究［J］. 东北大学学报（社会科学版），2020，22（03）：29-37.

［109］吕晓俊，李成彦. 工作-家庭冲突对工作敬业的影响——性别与工作重塑的调节作用［J］. 大连理工大学学报（社会科学版），2020，41（03）：63-70.

［110］Eisenberger R，Fasolo P，Davis-Lamastro V. Perceived Organizational Support and Employee Diligence，Commitment，and Innovation［J］. Journal of Applied Psychology，1990，75（1）：51-59.

［111］Eisenberger R，Huntington R，Hutchison S，et al. Perceived organizational support［J］Journal of Applied Psychology，1986，71：500-507.

［112］Ashforth B. E. and Kreiner G. E.，"How Can You Do It？Dirty Work and the Challenge of Constructing a Positive Identity，"Academy of Management Review，1990，413-434.

［113］Wrzesniewski A. and Dutton J. E.，"Crafting a Job：Revisioning Employees as Active Crafters of Their Work，"The Academy of Management Review，2001，179-201.

［114］李锐，凌文栓，方俐洛.上司支持感知对下属建言行为的影响及其作用机制［J］.中国软科学，2010，（4）：106-115.

［115］Karatepe，Osman M .Do personal resources mediate the effect of perceived organizational support on emotional exhaustion and job outcomes？［J］. International journal of contemporary hospitality management，2015.

［116］张婕，樊耘，张旭.组织变革中的情绪唤起及其影响机制研究［J］.管理评论，2016，28（3）：126-138.

［117］胡睿玲，田喜洲.重构工作身份与意义——工作重塑研究述评［J］.外国经济与管理，2015，37（10）：69-81.

［118］Dutton W J E. Crafting a Job：Revisioning Employees as Active Crafters of Their Work［J］. Academy of Management Review，2001，26（2）：179-201.

［119］杨勇，刘子琪，曹井柱.心理弹性、工作重塑对创造力和创意实施行为的作用机制——基于服务业情境研究［J］.东北大学学报（社会科学版），2020，22（03）：29-37.

［120］吕晓俊，李成彦.工作-家庭冲突对工作敬业的影响——性别与工作重塑的调节作用［J］.大连理工大学学报（社会科学版），2020，41（03）：63-70.

［121］田启涛.服务型领导唤起员工工作重塑热情机制研究［J］.软科学，2018，32（06）：70-73.

［122］蒙艺，汪洋，施曲海.社会工作者敬业度的工作重塑路径：工作

意义与职业认同的中介作用［J］. 华东理工大学学报（社会科学版），2020，35（06）：40-56.

［123］覃大嘉，曹乐乐，施怡，胡倩倩，李根祎. 职业能力、工作重塑与创新行为——基于阴阳和谐认知框架［J］. 外国经济与管理，2020，42（11）：48-63.

［124］苏益南，欧阳晨慧，朱永跃. 产业工人工作重塑与离职意愿：人-工作匹配和授权型领导的作用［J］. 工业工程与管理，2018，23（06）：195-201.

［125］Justin M. Berg，Amy Wrzesniewski，Jane E. Dutton. Perceiving and responding to challenges in job crafting at different ranks：When proactivity requires adaptivity［J］. Journal of Organizational Behavior，2010，31（2-3）.

［126］Demerouti E，Bakker A B，Nachreiner F，et al. The job demands-resources model of burnout.［J］. J Appl Psychol，2001，86（3）：499-512.

［127］Hobfoll S E . Conservation of resource caravans and engaged settings［J］. Journal of Occupational & Organizational Psychology，2011，84（1）：116-122.

［128］Hobfoll S E，Freedy J，Lane C，et al. Conservation of Social Resources：Social Support Resource Theory［J］. Journal of Social & Personal Relationships，1990，7（4）：465-478.

［129］Leana C，Appelbaum E，Shevchuk I . Work Process and Quality of Care in Early Childhood Education：The Role of Job Crafting［J］. Academy of Management Journal，2009，52（6）：1 169-1 192.

［130］赵小云，李福华. 中小学教师的组织支持感、工作重塑与主观职业成功的关系［J］. 教师教育研究，2019，31（02）：15-21.

［131］Bakker A B，Tims M，Derks D. Proactive personality and job performance：The role of job crafting and work engagement［J］.

Human Relations, 2012, 65（10）: 1 359-1 378.

［132］Daniels K, Beesley N, Wimalasiri V, et al. Problem Solving and Well-Being: Exploring the Instrumental Role of Job Control and Social Support［J］. Journal of Management, 2013, 39（4）: 1016-1043.

［133］赵小云, 郭成. 工作重塑: 获得意义性工作及个人成长的新途径［J］.心理科学, 2014, 37（01）: 190-196.

［134］Dutton W J E. Crafting a Job: Revisioning Employees as Active Crafters of Their Work［J］. Academy of Management Review, 2001, 26（2）: 179-201.

［135］Alison Fuller, Lorna Unwin. Job Crafting and Identity in Low-Grade Work: How Hospital Porters Redefine the Value of their Work and Expertise［J］. Vocations and Learning, 2017, 10（3）.

［136］Tims M, Bakker A B. Job crafting: Towards a new model of individual job redesign［J］. SA Journal of Industrial Psychology, 2010, 36（2）: 1-9.

［137］Brislin, R. W. Back-Translation for Cross-Cultural Research［J］. J Cross Cult Psychol, 1970, 1（3）: 185-216.

［138］Amy S. Hirschy, Maureen E. Wilson, Debora L. Liddell. Socialization to Student Affairs: Early Career Experiences Associated With Professional Identity Development［J］. Journal of College Student Development, 2015, 56（8）.

［139］方明军, 毛晋平. 我国大学教师职业认同现状的调查与分析［J］. 高等教育研究, 2008（07）: 56-61.

［140］秦奕. 幼儿教师职业认同研究的回顾与展望［J］. 山东教育, 2007, No.643（33）: 4-7.

［141］Tyler D, Mccallum R S. Assessing the relationship between competence and job role and identity among direct service counseling psychologists［J］. Journal of Psychoeducational Assessment，1998，16（2）：135-152.

［142］洪娜. 空乘人员情绪表达规则知觉、人格、职业认同与情绪耗竭的关系研究［D］. 北京：首都师范大学，2007.

［143］郭腾飞，田艳辉. 知识型员工主管支持感、职业认同与主观幸福感的关系［J］. 信阳师范学院学报（哲学社会科学版），2014，34（05）：19-23.

［144］蔡特金. 新员工实习经历、职业认同和工作绩效的关系研究［D］. 南京：南京邮电大学，2020.

［145］Tims，M.，Bakker，A. B.，& Derks，D. Development and Validation of The Job Crafting Scale［J］. Journal of Vocational Behavior，2012，80：173-186.

［146］Eisenberger R，Huntington R，Hutchison S，et al. Perceived Organizational Support［J］. Journal of Applied Psychology，1986，71（3）：500-507.

［147］Hair J F J，Black W C，Babin B J，et al. Mutivariate Data Analysis［J］. Technometrics，2006，31（3）.

［148］吴明隆. 问卷统计分析实务：SPSS操作与应用［M］. 重庆大学出版社，2010.

［149］Marco Gallo，Dario Marra，Marco Sorrentino，Cesare Pianese，Siu Fai Au. A versatile computational tool for model-based design，control and diagnosis of a generic Solid Oxide Fuel Cell Integrated Stack Module［J］. Energy Conversion and Management，2018，171.

［150］王钢，范勇，黄旭，刘先强，王德林. 幼儿教师政府支持、组织支持和胜任力对职业幸福感的影响：职业认同的中介作用［J］. 心理与行为研究，2018，16（06）：801-809.

［151］郭守峰. 组织支持感、职业认同感对基层公安民警工作倦怠的影响研究［D］. 中国人民公安大学，2019.

［152］马跃如，程伟波，周娟美. 心理所有权和犬儒主义在包容性领导对员工离职倾向影响中的中介作用［J］. 中南大学学报（社会科学版），2014，20（03）：6-12.

［153］李志，布润，李安然. 基层公务员职业认同特征及其对工作绩效与离职倾向的影响研究［J］. 重庆大学学报（社会科学版），2020，26（03）：176-188.

［154］虞力宏，汤国杰，高可清. 高校体育教师职业认同与工作投入的关系研究［J］. 中国体育科技，2011（6）：136-141.

［155］尚伟伟，陈纯槿，孙迪. 幼儿园教师离职倾向的影响机理研究——基于有调节的中介模型［J］. 教育发展研究，2020，40（24）：76-84.

［156］贺建清，唐林仁. 幼儿教师职业认同与离职倾向研究［J］. 现代基础教育研究，2020，40（04）：149-156.

［157］魏淑华. 教师职业认同研究［D］. 重庆：西南大学，2008.

［158］徐静岚. 新入职护士职业认同、临床归属感与离职倾向的关联性研究［D］. 浙江中医药大学，2019.

［159］李志，布润，李安然. 基层公务员职业认同特征及其对工作绩效与离职倾向的影响研究［J］. 重庆大学学报（社会科学版），2020（3）：176-188.

［160］徐道稳. 社会工作者职业认同和离职倾向研究——基于对深圳市社会工作者的调查［J］. 人文杂志，2017（06）：111-118.

［161］陈立，杨鹍. 职业认同与特殊教育教师离职倾向、工作满意度的关系研究［J］. 中国特殊教育，2017（02）：25-30.

［162］张斌，熊思成，蒋怀滨，等. 工作满意度在护士职业认同与离职意愿关系中的中介作用［J］. 中国临床心理学杂志，2016，24（06）：1 123-1 125.

［163］Ashforth，B. E.，Macl，F. Social identity theory and the organization［J］. Academy of Management Review，1989，14（1）：20-39.

［164］Mobley，William. Intermediate Linkages in the Relationship between Job Satisfaction and Employee Turnover［J］. Journal of Applied Psychology，1977，62（2）：237-240.

［165］严玉梅. 高校教师职业认同、工作满意度与离职意向的关系研究［D］. 长沙：湖南师范大学，2008.

［166］夏天. 现货交易代理公司员工工作满意度、职业倦怠与离职倾向关系研究［D］. 西安：西北大学，2015.

［167］史瑞娟，李晓燕，黄道燕，等. 西藏自治区特殊教育教师职业认同状况及其对工作满意度的影响［J］. 中国特殊教育，2018（01）：46-51.

［168］唐佳益，王雁. 特殊教育教师职业认同感与离职意向：工作满足感的中介作用［J］. 中国特殊教育，2019（2）：58-65.

［169］张玉琴，南钢. 幼儿园教师职业生涯适应力对离职意向的影响：工作满意度的中介作用［J］. 学前教育研究，2020（02）：32-40.

［170］王琪如，谭晓东. 工作满意度和职业倦怠对医务人员离职意向的作用分析［J］. 中国卫生资源，2019，22（02）：122-126+149.

［171］王尧骏，吴云枭. 高校辅导员离职意向的影响因素研究［J］. 应用心理学，2019，25（03）：281-288.

［172］李佳丽. 幼儿教师职业认同研究［D］. 杭州：浙江师范大学，2013.

［173］赖丽娟. 心理契约、工作满意度和离职倾向的关系研究［D］. 北京：中国地质大学（北京），2016.

［174］王汉斌，杨晓璐. 新生代知识型员工离职动因分析及对策［J］. 哈尔滨商业大学学报（社会科学版），2011，05：53-56+66.

［175］徐冰霞. "80"后知识型员工工作满意度与离职倾向研究［J］. 经营管理者，2013，18：4-5.

［176］郎艺，王辉. 授权赋能领导行为与组织公民行为：员工的领导认同感和组织心理所有权的作用［J］. 心理科学，2016，39（05）：1 229-1 235.

后 记

一路走来，感慨万千，心存感激。在这个充满历史厚重感的英才摇篮中，曾有过困顿迷茫，研学不易，有幸一直秉承着“海纳百川，取则行远”的校训，不断努力，坚持了下来。虽艰辛，但无悔。

师恩难忘，铭记于心，感谢恩师张樨樨教授。几年时间，张老师严谨的治学精神，正直的为人风格，认真的工作态度，渊博的知识、开阔的视野给我留下了深刻印象，这也是我终生学习的榜样。在本书的撰写过程中，无论是节假日还是深夜，无论是理论学识还是做调研，无论是格式规范还是文章结构，张老师总是不厌其烦地教导我，使本书得以成型。在此衷心感谢张老师，以及给予我帮助的管理学院王淼教授、权锡鉴教授、张广海教授等多位老师，谢谢你们不计回报的辛勤付出。

感谢所在单位青岛理工大学的王先鹿、王金龙、云乐鑫老师；感谢一起同窗的小伙伴金炜博、于潇同学，在我感到迷茫无措时候帮我梳理思路，在本书进展困难的时候给予指导和鼓励。谢谢大家对我的照顾和帮助，也祝愿大家学有所成，前程似锦！

感谢父亲吴成斌，母亲张淑英。苦读求学路中，有你们的陪伴，有你们的无私支持，使得我无后顾之忧，感谢你们让我成为一个成熟稳重的人。祝愿一家人身体健康，幸福快乐。

在此还要提到另一个特别重要的人，我的爱人苗俏。尤为珍惜和感激你陪我走过的时光，有你的日子里，带给我快乐、教会我幸福。愿可共白首，余生共相伴。

文有所长，可“感谢”只有两个字，但却承载了我多年的时光，无论是快乐的、激情的、忙碌的，这都是一个美丽的回忆。我们都在成长的路上筋疲力尽过，痛苦过，但相信明天的太阳一定会更加绚烂。未来的路还很长，调整不断、勇往直前，祝好运。